共情式人际交往

让你的话语直达对方心底

Empathic Interpersonal Communication

周婷◎著

中国法制出版社
CHINA LEGAL PUBLISHING HOUSE

前言 Preface

现代社会，沟通能力被称为宝贵的“软实力”，能够体现个人的素质、知识、能力和品德。拥有良好沟通能力的人无论在工作、生活还是在社交场合，都能受到人们的欢迎。相反，沟通能力差的人，会觉得处处受阻，不但既定的目标难以实现，还很难和他人建立稳定而和谐的关系。

美国普林斯顿大学的专家曾经统计过上万份人事档案，他们发现智商、专业水准和经验只占成功因素的25%，而剩下的75%都要由沟通能力来决定。无独有偶，哈佛大学的一项调查报告也显示，因为沟通不良导致业绩不佳的员工占总员工人数的80%以上，沟通能力的重要性由此可见一斑。

那么，我们应当如何提升自己的沟通能力呢？对于这个问题，众多心理学家不约而同地提到了“共情”这个词语。“共情”是人本主义创始人罗杰斯阐述的概念，指的是体验别人内心世界的能力。

顾名思义，“共情沟通”就是在沟通中充分调动自己的共情力，把自己通过共情产生的情感、思维传达给对方，以更好地影响对方，并取得良好的反馈。学会共情沟通的技巧后，我们不但能够顺利解决人际交流中遇到的诸多问题，还能提升自己对情绪的观察、理解能力和对事物的认知、分析能力。随着自我心智模式的更新和提升，我们的沟通能力便会获得飞跃式的进步。

不仅如此，共情力还会让我们的内心变得更加温暖而充实。荷兰灵长类动物学家弗兰斯·德瓦尔就曾经说过：“共情是让人类紧密团结在一起的‘黏合剂’。”

善于共情会让我们与他人建立有意义的联系，亲人、朋友、搭档、同事、陌生人在与我们沟通互动时也更容易理解我们的风格，更容易对我们表示认可和感谢，这无疑会让我们感到非常愉悦。

为了系统地“修炼”共情力，并将它熟练地运用于各种沟通情境中，本书作者从心理学角度出发，结合自己多年的工作经验和研究成果，总结出了一套科学、具体、实用的解决沟通问题的方案。

本书将告诉你如何从情绪和认知两个层面与他人共情，如何为他人提供他们真正需要的帮助和支持；本书也会指导你消除自身的一些不合理信念，为共情沟通打下良好的基础；本书还会带你走入沟通情境，学会在对话中、倾听时巧妙共情、消除心理隔膜……本书中有很多简单易学的心理学原理和方法，不仅适合日常的沟通对话，也适合心理咨询师学习使用。此外，书中还列举了一些具体的案例，使你能够更加直观地认识“共情沟通”，并能够受到不少启发。

如果你想在工作中获得持续的成长，在生活中找到解决难题的办法，在人际交往中赢得更多的理解和支持，那么本书将非常适合你阅读。

还等什么？就从现在开始，一步步提升自己的共情力，成为受人欢迎的沟通高手吧！

目录 Contents

第三章

共情沟通，在话语间传递理解和认可

第四章

使用身体语言，让共情式沟通更加有效

第五章
共情倾听，把握对方潜在的需求和渴望

第六章
建立心理联结，让共情成为沟通的加速器

第七章
给予支持，在共情沟通中引导、激励他人

第八章
把握分寸，别让“过度共情”伤害自己

第一章

认识共情，发现你的“共情力”

共情力：人类独有的镜映能力

在生活中，当我们看到身边的人做出某些表情、动作的时候，常常会情不自禁地进行模仿。比如朋友打了个哈欠，我们会不由自主地做出同样的动作，仿佛打哈欠会传染似的。

这种情况并非偶然，神经心理学家通过研究发现，这种情况与大脑中的“镜像神经元”细胞有一定的关系。这种细胞在两个大脑半球的重要区域都有分布，它能够储存特定行为模式的“编码”，会让我们不经思考就能做出一些基本动作；它还会让我们迅速理解他人的意图，或是体验到他人的情绪感受，从而让我们拥有了“模仿力”和“共情力”。

例如，我们在看到别人打哈欠时，镜像神经元就会快速活跃起来，让我们像照镜子一般，体验到那种疲倦、困顿、无聊的感受，继而做出打哈欠的动作。同样，在他人开怀大笑或放声痛哭时，镜像神经元也能让我们代入他人的角度去思考和感受，就好像是在镜子中注视自己一般，所以能够理解他人或喜悦或悲伤的情绪。

这样的现象也被称为“镜映”，是人类特有的一种能力，也是“共情力”的生理基础。如果神经系统功能受到损伤，导致镜像神经元功能失调，人们就没有办法准确地读取自己的情绪，更加无法接受、理解他人的情绪、情感，那无疑会给正常的沟通交往带来很大的困难。像自闭症儿童就被认为有镜像神经元功能受损的问题，使得他们无法认知、理解他人，无法共情，也难以融入社会。

另外，在成长阶段未能得到足够的关注、共情，也会导致镜映能力的缺乏。比如养育者表现出冷漠、麻木，很少或从不及时回应孩子的情感需要，有时还会对孩子“脆弱”的表现进行批评、训斥，就会让孩子变得越来越压抑，并且开始避免表露出某些情绪，也会越来越不善于体察、分析他人的情绪。

相反，如果养育者能够给予孩子足够的关注，经常用充满爱意的语气跟孩子说话，在孩子情绪不佳的时候主动询问他的心事，并采用各种方法对他进行安抚，孩子就会有一种被接纳、被理解的感觉，能够确认自己存在的价值和意义；而且他对于表达情绪也会有更多的信心，在与他人相处的时候会倾向于主动与他人建立情感联结，因而会表现得体贴、善解人意。比如年幼的孩子在与小朋友相处时，动手打了对方，此时养育者就可以要求孩子思考对方会有什么样的感受。这样的教育方式非常简单，却能够发挥重要的作用，可以让孩子逐渐明白如何与他人感同身受。像这样一次一次地教育、引导孩子，孩子便会慢慢掌握设想他人感受和体验的方法，能够为共情力的初步形成奠定基础。

当然，对于镜映能力缺乏的问题，我们也不必过早失去信心。心理学家告诉我们，通过后天的自我调整，镜映能力会不断增强，而这需要我们做到以下两点：

一是拥有“看向自己”的勇气。能够勇敢地面对那个不完美的自己，并能够整合自己的想法、情绪、情感，让自己的内心趋于完整和谐。

二是拥有“向他人开放”的勇气。能够敞开心扉，将自己的感受与他人分享；同时要细心观察、体会他人的情感和意图，并要学会做正确的解读。

比如一位朋友带着兴奋的心情说：“告诉你一个好消息，我在单位组织的知识竞赛中得到了一等奖！本来我是不想参加的，你也知道我一到关键时刻就特别紧张；可是领导、同事都在鼓励我，我最终也决定挑战一下……”

缺乏镜映能力、不善于共情的人不会主动去揣摩朋友的情绪、想法，便会简单地回答一句：“那恭喜你了！”这样的答语虽然有祝贺之意，情感的“浓度”却不达标，听上去非常生硬，会让朋友有一种被敷衍、被忽视的感觉。

那么，有较强共情力的沟通高手会如何回答呢？他们可能会这样说：“向你表示祝贺，你显示了自己真正的实力！其实你的抗压力比自己想象得要强得多，下次再有这样的机会，你可千万别错过啊，期待你更精彩的表现！”

这个回答就是在体察对方想法、情绪的基础上做出的，既回应了对方的情绪感受（兴奋、自豪），又加入了自己的解读（对方很有实力，抗压力也很强，只是之前不够自信，才没能崭露头角），还表达了自己的良好祝愿（期待对方有更好的表现）。

很显然，听到这样的回答，对方更能够得到情感上的满足，也能够更好地认识自我形象，发现自己身上的问题。

我们不妨多参考这样的办法去锻炼自己的镜映能力，从而显著提升共情力，在沟通中体会他人的想法、情绪，再采用一些适当的沟通策略，就能够赢得他人的认可和喜爱。

学会共情，从自我共情开始

想要与他人建立舒服而安全的关系，学会共情是必不可少的工作。但是在与他人共情的同时，我们也不应当忽略“自我共情”的问题。

学会自我共情，可以拓宽一个人的自我觉察范围，能够帮我们更好地了解自己，看清自己的价值和优势，了解自己的缺点和不足。同时，我们还可以更加准确地解读自己的看法和情绪，知道自己真正想要的是什么。以此为基础，我们才能更好地倾听、理解和解读他人，从而给出有意义的指导。

但是在现实生活中，很多人却缺少这样的能力，在不知不觉中，我们选择压抑或隔绝自己的感受，很少去倾听内心的声音。不难想象，一个连自己的情绪、想法都会习惯性忽略的人，又如何去与他人共情，并和他人建立真正高质量的关系呢？

在下面这个案例中，一位中年女性就遇到了不会自我共情的问题。

42 岁的李敏是两个孩子的母亲，她平时需要兼顾家庭和事业，总是忙得不可开交。每天下班回到家，她就要急急忙忙地处理家务，之后还要陪孩子做作业。但不管多忙，她都会花一些时间和孩子沟通，以了解他们在学校里是怎么度过一天时间的，有没有遇到什么困难。

李敏的父母年事已高，身体也不太好，所以她一直牵挂着父母，每隔两三天会给父母打一次电话，问问他们身体情况如何，再听听他们有什么烦恼，然后尽己所能地帮着处理。

在她的生活中，父母、孩子、丈夫的问题占据了很大比重，剩下的时间和精力都用在了工作上，让她没有办法关注自己、倾听自己。

但是到了夜深人静的时候，她常常会有一种难以描述的空虚、无力的感觉，有时也会不由自主地问自己：“我做这些事情是为了什么？这一切到底值得吗？”

最近一段时间，她发现自己多了一个习惯，就是在丈夫和孩子都入睡以后，悄悄地躲进卫生间里刷一会儿手机，或是看一会儿书。有时，她就只是静静地坐着，感觉很自由、很放松，也很有安全感。她甚至不想离开这里，不想回到外面的世界……

有很多人都遇到过李敏这种情况，他们对自己有非常严格的要求，总是希望自己能够扮演好在社会、家庭中的各种角色，以便符合家人、同事、亲友的期待，但是他们却忽略了一个非常重要的问题，那就是要与自己共情。

以李敏为例，在她的内心深处，其实存在一个非常脆弱的、需要被好好安抚的“内在小孩”。因为一直得不到足够的陪伴、认可和接纳，她的“内在小孩”是茫然无措、焦虑不安的。而她不敢也不愿将自我的这一面呈现于人前，生怕这会影响人们对自己的评价，所以她只能一面勉力维护那个看似强大、优秀的自我，一面用深夜的独处获得片刻的安慰。但这种独处并不能够从根本上解决问题，她真正需要的是自我共情、自我成长，只有做到这一点，她才不会再被空虚所扰，也才能够更加自如地与他人共情。

那么，如何才能做好“自我共情”呢？心理学家建议我们可以从以下几个方面做起：

1. 更好地认识自己

认识自己，听上去非常简单，但很多人却会在这方面遇到不少困难。他们不知道自己的价值，也无法客观看待自己的不足之处，导致自我认知有所偏颇，要么过分抬高自己，要么过分贬低自己。在与他人相处时，他们也难以摆正自己的位置，因而无法做到高质量的共情。

想要改变这种情况，我们就应当从认识自我做起，要对自己有一个综合、全面、客观的认知，这样才能更好地与自我共情、与他人共情。

2. 建立自我安全感

在认识自己之后，我们还要学会诚实地面对自己，这会让自己获得不少安全感。另外，我们还可以通过“内在安全岛”技术来帮助自己。这是一种常用的心理调节办法，指的是在想象中构建一个舒适、惬意、安全的地方，这个地方只有自己一个人可以进出，因而不存在人与人的关系，也就不会给自己造成太多的压力。

我们可以在想象中不断丰富“内在安全岛”的细节，比如它可以有适宜的气温、令人陶醉的香气、可爱的小物件，等等，身处其中，就会让自己感觉非常安全和舒适。通过想象这种“内在安全岛”，可以让自己的内心得到安抚，有助于释放负面情绪、恢复心理平衡。

3. 学会自我接纳

在自我感到非常安全、舒适的时候，我们可以尝试进行自我接纳，也就是要欣然接受自我的一切特征，既能悦纳自己身上的优点、特长和成绩，又能正视自己的缺点、失误，还能坦然地接受他人的批评，并可以从中吸收有益的建议，让自己做出良性改变。

这种自我接纳会让我们对自己更加满意、更加喜爱，不会对自己提出过高的要求，有助于放下一些杂念，让自己获得内在解脱。

4. 学会自我宽恕

在自我接纳的同时，我们还需要学会自我宽恕。比如，在自己不能将所有问题都处理得尽善尽美时，就要避免对自己过度苛责，更不能让自己长时间陷入懊悔、痛苦的情绪中。

在遇到不尽如人意的事情时，我们可以尝试与自我共情，要尽量理解自己的难处，而不是继续给自己增加心理压力。心理学家还教给我们一个好办法，就是把自己觉得痛苦、遗憾的事情写在一张纸上，再将它叠成一只小船，让它顺流漂走，以此完成一种与痛苦告别的“仪式”，这会让自己感觉轻松不少。

总之，在提升共情力的过程中，先学习自我共情是十分必要的，做好了上述四个方面的工作后，我们才能更加爱自己，也才能更加有效地与他人共情。

情绪共情：体验对方的内心世界

在自我共情的基础上，我们可以尝试与他人共情。一位心理学家曾经说过："面对这个充满差异和不同的世界，我们能够——也应该——更加努力地培养微妙而又敏锐的共情能力，学会理解和关心其他人的感受。"

不过，大多数人对于"共情"的理解并没有那么准确。一般谈到"共情"这个词时，我们可能会将它简单地理解为与对方有共同的情绪感受，其实共情的过程很复杂，它包含着自上而下的认知调节过程和自下而上的情绪分享过程，所以也被心理学家分为"认知共情"和"情绪共情"两大类。

这里所说的"自下而上"的情绪分享，是指这种情绪不是人们自发产生的，而是受到他人情绪的感染而出现的。

下面这个案例可以帮我们更好地理解"情绪共情"的过程。

在一个悠闲的下午，李敏的情绪状态本来是轻松、平缓的。因为在家待得有些无聊，她决定和一位朋友见面聊天。可是这位朋友却显得闷闷不乐，在李敏的关心询问下，朋友道出了原委，原来她因为琐事和家人发生了争执，心情十分糟糕。

看到朋友烦恼、难过的样子，李敏不由得劝说了几句，没想到朋友却因此打开了话匣子，不停地对李敏诉说自己遇到的烦心事。慢慢地，李敏觉得自己好像被朋友的坏情绪感染了，心里也觉得闷闷的，很不舒服。

其实李敏很想提醒朋友："我们能不能换一个话题，不要再讲这些不开心的事情了？”但她又怕这样说会让朋友更加伤心，于是只好继续忍受朋友“倒苦水”的行为。

一下午的时间就在烦闷和纠结中度过了，李敏离开朋友的时候，只觉得自己的情绪也变得十分低落、烦躁……

在李敏身上出现的情绪变化，就是心理学家所说的“情绪感染”。这种“感染”是不由自主产生的，我们无法随意控制它的发生和强度。

按照心理学家的研究，情绪感染的过程主要包括以下几个环节：

1. 情绪觉察

情绪觉察是情绪感染的第一个环节，我们首先需要觉察到对方处于什么样的情绪状态，才会不由自主地想象自己处于相同情境中有什么样的感受。这种情绪觉察能力的高低，将直接影响下一个环节的无意识模仿水平。

比如身边的人出现了明显的情绪反常，不时走神、叹气，工作还经常出错，我们就应当觉察到这种变化，而不应当视若无睹、漠不关心。

2. 无意识模仿

在情绪觉察的基础上，我们会倾向于模仿他人的情绪表达，比如会不由自主地出现和他人相同或相似的表情、语调、姿势、动作等。

心理学家进行过一个实验，他们要求一些大学生观看包含着愉快、悲伤、愤怒、恐惧、惊讶等多种表情的图片，发现学生们会下意识地模仿相应的表情。比如看到愉快的面部表情时，学生们的面部肌肉群会做出丰富的活动，出现类似“笑容”的表情；而在看到愤怒的面部表情时，他们的眉头肌肉群也会做出丰富的活动，出现类似“皱眉”的表情。

3. 情绪回馈

在进行无意识模仿的同时，个体会根据自身的表情和其他信号，推断自身的情绪状态，使得情感体验受到显著的影响，这个环节被称为“情绪回馈”。比如我们看到别人悲伤、流泪的时候，会不由自主地做出痛苦的表情，继而会产生和对方相似的情绪体验，这就是无意识模仿引发的情绪反馈。

在情绪感染或者说情绪分享的过程中，上述这几个环节是环环相扣的，缺一不可。比如情绪觉察相当于输入了情绪信息，促使我们进行模仿，然后对大脑进行情绪反馈，我们才能够体验对方的内心世界，感受对方的情绪。

当然，这种自下而上的情绪分享过程对我们也是有很多好处的。

首先，情绪分享能够提升我们对环境的适应能力。比如觉察到了他人的紧张、恐惧情绪，我们会不知不觉地模仿他们的表情，并会向大脑发出反馈信号，从而能够激活杏仁核等与恐惧、愤怒情绪有关的脑区，还能够激活与运动、动作有关的脑区，使我们对未知危险产生防御意识，身体也会进行躲避、退让的准备，因而有助于提升个体的生存适应性。

其次，情绪分享能够帮助我们切身体会他人的感受。在人际交往中，我们会做出更加真诚的情绪反应，这会让他人感到非常亲切，对于促进人际交流、建立和稳固人际关系也是很有好处的。

不过，凡事有利也有弊。过度的情绪分享也会给我们造成巨大的心理压力，有时还会让我们饱受他人的负面情绪干扰，无法保持平和、稳定的心态，所以我们一定要注意控制自己的情绪代入程度，并要合理疏导负面情绪，才能做到健康的、适度的共情。

认知共情：真正理解对方的处境

认知共情，也被称为共情的“认知调节”，指的是人们运用自己的知识和经验解读他人的想法、意图，从而真正理解他人的处境。

关于认知共情，有这样一个有趣的故事。

一位心理学家准备招聘一名私人助理。他在招聘网站上发了广告，写明了条件，希望符合条件的求职者能够将自己的资料以电子邮件的形式发到他的邮箱里。

由于这位心理学家开出了很高的薪金，吸引了不少应聘者的注意，他的邮箱也被各式各样的邮件挤满。他随便打开了一些邮件，看到里面只有简单的问候语，接着就是大量的个人资料。有些求职者的条件确实非常优越，心理学家记下了他们的名字，等待最终取舍。

突然，心理学家被其中的一封邮件吸引了，这封邮件的主人是一个三十出头的女士，她的条件并不是最优秀的，可她的措辞却让心理学家看得连连点头。

她在邮件中这样写道：“尊敬的 × 先生，相信您已经收到了几百封电子邮件，此刻您一定非常忙碌，也没有时间一一阅读这些邮件。您的时间是那么宝贵，不应该浪费在这些琐事上，在此我想做一下自我推荐，我曾经在 ×× 公司担任过八年经理助理，对于收发邮件、整理名录、制作清单之类的事情，有非常丰富的经验。如果您愿意拨打这个电话……我很乐意前来帮忙……”

心理学家被这位女士的“贴心”打动了，他不再过多考虑就决定让这位女士来试试……

在这个案例中，女士的秘诀就是“认知共情”，她能设身处地地站在心理学家的立场思考问题，这才想到了这个绝妙的好办法，也为自己赢得了宝贵的工作机会。

那么，与情绪共情相比，认知共情有哪些不同之处呢？首先，认知共情能力的发展相对较晚。美国的一些心理学家做过相关实验，他们让不同年龄的儿童阅读与“无心失言”有关的故事，然后询问他们：“这个故事里有人说了不应该说的话吗？是谁说了这样的话？你觉得他为什么不应该这么说？”

如果能够较好地回答此类问题，说明儿童已经具有了一定的认知共情能力。不过测试结果显示，3~4 岁的儿童只是能够了解别人与自己有不同的情绪和想法；要到 6 岁以后，才能初步具有采择观点的能力；至于发展出比较完善的认知共情能力，则要到 11 岁左右。这也是大脑不断发育完善、认知能力不断提升的结果。

其次，认知共情的内容也与情绪共情有所不同，具体包括以下两个方面：

1. 调节无意识的情绪感染

在认知因素的调节作用下，我们在受到情绪感染时，不会只对他人的情绪和感受进行简单、机械的复制，也不会不分对象、不分场合、无限制地与他人共情，而是会在这个过程中，不知不觉地受到以下几种因素的影响：

首先，关系的亲疏远近会影响共情程度。比如一位母亲在看到自己的孩子哭泣时，就会比看到其他孩子哭泣产生更强烈的情绪反应，这正是因为对于不同关系的认识在影响着无意识的情绪感染过程。

其次，注意力是否集中也会造成一定影响。心理学家曾要求一些志愿者观看与疼痛刺激有关的影片。其中一部分志愿者被要求聚精会神地观看，并对疼痛程度做出评级；而另一部分志愿者则被要求一边观看一边记录影片中出现的一些细节。结果第一组志愿者产生了更明显的痛感，这说明集中注意力去感受，更容易诱发强烈的情绪、感受分享。

此外，经验在共情过程中的作用不可忽视。比如让视力完好的人戴上黑眼罩，尝试进行各种日常活动，亲身体会失明者生活的不便后，这种“经验”就能够增加他们对失明者的共情和关心。

2. 调节有意识的共情关注

除了上述几种因素外，观点采择也会影响我们对他人情绪和情感理解的程度。“观点采择”就是能够区分自我和他人的不同观点，并能对他人的观点进行推测，这也是进行认知共情的重要能力，因为我们只有理解他人的立场和观点，能够站在他人的角度去思考问题，才能做到真正的共情。

比如我们可以尝试从自己或他人的角度来想象疼痛刺激，结果就会发现，站在自己的角度想象，会让个人感觉更加强烈，会引发恐惧、不安等消极情绪，而对他人却会显得关注不够；可要是站在他人角度想象，就会产生强烈的共情关注，个人的感觉则不太明显。这种疼痛共情的差异正是由于不同角度的“观点采择”造成的。

当然，情绪共情和认知共情并不是彼此割裂的，而是互相补充、互相制约的。也正是因为这样，我们才能更好地适应复杂的社会生活，并能够与他人建立并保持各种各样的关系。如果这两者发生了失调，就可能会导致社会适应不良。

反社会人格障碍者往往是典型的高认知共情、低情绪共情的人，他们可能有较高的沟通交流技能，但却缺乏内疚感，会显得冷酷无情，而且他们难以理解他人的情感和社会互动，对他人的情绪变化也不够敏感。

凡此种种都说明共情过程中的认知调节和情绪分享缺一不可。如果没有情绪的卷入，认知共情就会显得过于生硬、冷漠；但若是没有清晰的认知，情绪共情又会缺乏针对性和有效性。所以我们想要锻炼自己的共情能力，一定要注重同时提升这两个方面能力，才会让自己成为一个善于共情、善于沟通的人。

共情担忧：给对方提供真正需要的支持

美国著名心理学家丹尼尔·戈尔曼曾经指出，在情绪共情与认知共情的基础之上，有一种共情状态被称为“共情担忧”。这也是共情的最高层次，进入这种层次的人会时刻准备着向他人提供帮助与支持。

不过，这种帮助、支持与“助人为乐”又有很大的不同，因为这种友善的行为不仅仅是出于自身的善良和热心，而且是发自内心地感受到了他人的痛苦，并能够从认知层面理解他人的处境，进而自然而然地做出这样的举动。

在下面这个案例中，善于共情的若楠就为一位沮丧的朋友找到了解决问题的方法。

若楠的朋友刘敏最近在一家新公司工作，在适应新环境的时候，她遇到了不少问题。

这天，刘敏哭着给若楠打电话，说领导对自己很不满意，担心这份工作可能做不长。若楠关心地询问她细节，她说自己才入职一个月，对公司的各项规章制度都不熟悉，加上工作流程也比较烦琐，所以出了几个小纰漏。虽然没有给公司造成大的负面影响，但领导和同事责怪的眼神还是让她觉得十分难过、羞愧。

若楠没有立刻发表自己的意见，而是耐心地倾听着刘敏的诉说，等她将心中的烦恼全部倾吐出来后，若楠才这样问道：“适应新环境确实很难，我很理解你的心情，那么，你还愿意留在这家公司吗？”

刘敏不假思索地回答道：“愿意！为了获得这份工作，我之前付出过不少努力，何况公司提供的待遇我也很满意。”

若楠继续启发道：“那你觉得现在最大的困难是什么？”

刘敏想了想说：“我想要获得领导和同事的认可。”

若楠赞同道：“我也觉得这一点非常重要，那么你打算怎么做呢？刚才我听你说对公司的规章制度还不太熟悉，你在这方面有什么想法吗？”

若楠的话让刘敏从沮丧的情绪中清醒过来，她不再自怨自艾，开始想办法改变现状——她打算尽快熟悉规章制度，还准备把一些工作细则做成便利贴贴在电脑上提醒自己。

当朋友在工作上遭遇挫折时，若楠没有想当然地给出建议，而是用心感受朋友的情绪，理解她承受的压力，再思考她遇到的问题的本质是什么。在此基础上，若楠向朋友提供了她真正需要的支持和帮助——引导她直面问题，找到解决方法。

若楠的做法是一种真正的“共情担忧”，能够让对方感受到关心和理解，而不是给人一种高高在上的感觉。

心理学家罗杰斯也曾指出：“所谓的共情是指站在别人的角度考虑问题，它意味着进入他人的私人认知世界，并完全扎根于此。”也就是说，我们想要与他人共情，就不能仅满足于从外部、从远处进行有距离的观察，而是要进入他的内心进行深入观察，以便真正了解他的需求（包括明显的需求和比较隐秘的、可能连他本人都没有意识到的需求），并尽力给予他所需要的支持，这才是最能够让他人感受到的被懂得、被爱着的共情方式。

那么，我们如何才能做到“共情担忧”呢？下面是心理学家给出的一些建议，可供我们参考：

1. 进行情绪共情，表达对对方情绪感受的理解

我们可以主动去感受对方的情绪，并可以这样问对方：“你现在的感受是……”“你是不是感觉……”“你现在一定有……感觉，对吗？”

而在对方描述自己的感受时，我们一定要表现出接纳的态度，而不要总是问

“为什么会这样”“为什么会那样”，因为在情绪还未被疏导之前，我们急于探究原因，只会给对方带来心理压力。相反，在成功共情之后，对方往往会主动开口告诉我们更多的信息。

2. 进行认知共情，表达对对方意图的理解和尊重

我们还可以深入了解对方的想法，并可以这样问对方：“你想说的是……”“你现在最希望的是……”“你的目标是……”

在对方阐明意图的时候，我们也应当给予足够的尊重，可以告诉对方：“我理解你的感受，我知道这对你很重要。”

3. 进行共情担忧，以具体的行为表达对对方的关心

在完成情绪和认知共情后，我们已经可以稳定地和对方建立“联结”，接下来就是“共情担忧”的环节了——我们可以向对方传递理解、关爱，并可以对对方进行引导和帮助。

比如，我们可以对对方说：“需要我为你做些什么吗？”“你看我能为你做些什么？”如果此时对方不需要具体的建议，只是需要陪伴和抚慰，我们也可以用一个会心的眼神、一个动人的微笑、一个温暖的拥抱或是一次有力的握手让对方重获力量。

当然，在进行共情沟通时我们虽然有一定的句式可以参考，但最好不要生搬硬套。为了取得良好的共情效果，我们应当用心去体验对方的世界，找到最适合当下情境的共情沟通办法，才能触碰乃至打动对方的心灵。

发挥共情的疗愈作用，抚慰心灵的伤痛

共情的力量很强大，它不光能够让他人获得心理安慰，还能够发挥心理疗愈作用，帮助他人处理情绪问题、抚慰心灵的伤痛。

但遗憾的是，在现实生活中，人们却很难找到能够真正理解自己、与自己共情的人。我们不妨来想象一下，当一个人把自己内心最隐秘的感受讲给别人听的时候，对方没有认真地倾听、理解，就急于做出各种评判，有时还会曲解他的意思，这种缺乏共情的交流会让他感到多么压抑和绝望，此时唯有真正的共情才能让他获得心灵的慰藉。

《共情力》的作者，美国哈佛大学医学院教授、共情研究权威专家亚瑟·乔拉米卡利讲述过一个经典的例子。

一天，亚瑟与一位30多岁的女士聊天。这位女士每隔几分钟就要看一次手表，还来回变换坐姿，显得很不耐烦。

为了吸引她的注意力，亚瑟主动问起她的家庭情况，知道她已经结婚，还有两个孩子，而她的母亲年事已高……就在这寥寥数语中，亚瑟注意到女士一直没有提到自己的父亲，他特意指出了这一点，没想到女士突然露出了悲伤的表情，眼中还有泪光闪动。原来，女士的父亲已经去世3年了，而她一直深深地思念着父亲。

当女士沉浸在回忆中时，亚瑟并没有打搅她，而是在旁边默默地陪伴着。过了一会儿，女士恢复了平静，她为自己刚才的失态表示了歉意，但亚瑟却用真诚的语气说："没事，我想我能理解你的感受。"

一句话让女士不禁潸然泪下，她不由自主地说出了更多与父亲有关的事情，而亚瑟也没有刻意去安慰她，只是不时地回应道："我完全理解这种感受。"

随后，女士敞开心扉，尽情倾诉自己在生活中遇到的种种烦心事。在这次沟通结束后，她感动地说："我曾经试图把心里的事情讲给别人听，却总是得不到别人的理解，但现在我终于获得了解脱……"亚瑟看到她如释重负的样子，也觉得非常欣慰。

这个案例中的女士心中有很多负面情绪，但她真正需要的却并不是廉价的同情和空洞的安慰，而是想有人能够聆听自己的心声，理解自己的想法和感受，再做出关心式的回应，而亚瑟恰恰做到了这一点，也取得了良好的效果。

在另一个案例中，亚瑟又通过共情帮助一位好友缓解了心理压力。

亚瑟的好友罗博是人们眼中的"成功人士"，他事业有成、身体健康，还有非常幸福的家庭，自身形象也儒雅帅气，再加上他口才不错，所以很受大家的欢迎。

亚瑟也很喜欢罗博，还邀请罗博一起去骑行。没想到在骑行的过程中，罗博却坦言自己正面临着很大的生活压力。亚瑟觉得很不可思议，但罗博的表情、语气都可以证明他说的是真话。

亚瑟非常关心罗博，尝试与他深入对话。在亚瑟善意的引导下，罗博将埋藏在心中的话语尽情倾诉出来。原来，罗博的妻子身体不好，孩子又在学校惹了麻烦，再加上家里出了一点事故，到处都是用钱的地方，作为家中经济的顶梁柱，罗博感到十分吃力。

在罗博讲述心事的过程中，亚瑟一直都在认真倾听；当罗博暂停的时候，亚瑟会发表一些简单的看法，主要是表达自己对罗博的理解。在亚瑟的"附和"下，罗博的倾诉欲望更加强烈了，他发表了一番对社会和人生的感慨，其中一些观点让亚瑟听得连连点头，感觉自己也受到了一些启发。

当骑行结束时，罗博觉得心情轻松了很多，仿佛压在胸口的那块大石头被悄悄搬走了似的，让他觉得十分畅快。而亚瑟也并非没有收获，他通过这次对话想到了一些新的观点，并将其收录于自己的下一部著作中……

在这里，我们可以看到，朋友罗博需要的是真正的共情，只有共情才能产生神奇的疗愈作用，而这就是亚瑟努力做到的事情。在沟通中，亚瑟不光做到了感同身受，还能够从罗博的角度出发，协助他处理自己的负面情绪和心理压力，难怪罗博在沟通后会觉得压力顿消，心情也变得非常舒畅。

具体来看，共情的疗愈作用主要表现在以下几个方面：

1. 能够消除孤独感、疏离感

共情能够让人们发现自己和其他人在情感上有相连的部分，而这会让他们冰冷的内心获得一些暖意。

心理学家威廉·詹姆斯就曾指出，共情能够让那些最孤独、疏离、少言寡语的人产生倾诉的欲望。他们会情不自禁地谈及一些隐秘的，甚至对他们自己也是部分隐秘的事情，还会表达一些从没和他人沟通过的情感，因为共情让他们有一种被理解的感觉，也让他们觉得自己不再是一个孤立的人。

2. 能够让人们缓解自卑，重新接纳自己

容易自卑的人往往不能对自己做出客观的评价，他们会夸大自己的缺点、短处，同时又会缩小自己的优点、长处，有时他们还会自暴自弃，认为自己对社会、对他人是没有价值的。

而共情能够改变这种情况，它会让自卑者发现自己也能获得别人的尊重、重视，他们会重新衡量自我的价值，不再苛刻地贬低自己，而是学着接纳自己，甚至会重新喜欢上自己，并能够以积极的态度对待人生中的各种问题。

3. 能够减轻压力，释放负面情绪

人们在工作、生活中遇到了不愉快的事情，感到愤怒、焦虑、痛苦、烦闷的时候，会很自然地产生一种找人倾诉的欲望，这其实是为了得到他人的抚慰。

共情的过程能够满足这种心理需求，在倾听和开导的过程中，人们会像案例中的女士一样，感觉心灵的重压一扫而空，负面情绪也会逐渐减轻，而且人们还能在沟通中看到事情的其他可能性，也能够提升以后遇到类似情况时的处理能力。

正是因为共情有着如此强大的疗愈作用，我们才应当重视共情，并要积极地锻炼、提升这种能力，再将其应用在实际沟通中，这无论是对他人，还是对自己都将产生很多作用。

第二章

审视自我，消除共情的心理障碍

走出自己的“参照框架”，感受对方的喜怒哀乐

心理学家认为，每个人都有自己根深蒂固的一套“参照框架”，也可以称为“心智模式”，它会影响我们对人对事的感知、理解与阐释，但我们往往看不到自己的“参照框架”。

不妨来看看这样一个简单的例子。

有位心理学家曾经让一些志愿者试听以下几个句子：

1. It was found that the( )eel was on the axle.

2. It was found that the( )eel was on the shoe.

3. It was found that the( )eel was on the orange.

4. It was found that the( )eel was on the table.

这四个句子中带括号的单词其实都是wheel，但这个单词被故意念得很不清楚，志愿者只能听到eel的发音，却不知道前面应当是什么字母。当心理学家请他们补充单词的时候，他们很自然地根据上下文和自己对整句句意的理解，给出了如下的答案：

1.wheel（车轮） 2.heel（脚后跟） 3.peel（果皮） 4.meal（一顿饭）

这个案例就证明了参照框架的存在，每个人的过往经历不同，成长环境、学习环境、工作环境、交际圈子各不一样，导致参照框架也各有差异。这种“框架”形成后，会渐渐内化至潜意识层面，每时每刻都对我们产生影响。我们在与他人

沟通时自然也会受到参照框架的限制，而这很有可能会造成共情障碍，并会影响沟通的最终效果。

下面这个案例的主人公就陷入了各自的“参照框架”，也出现了很多沟通上的问题。

26 岁的子悦在某公司担任行政专员，她对待工作非常认真，但性格比较内向，不太擅长和领导、同事沟通。

一天，子悦的上司赵经理让她负责挑选一家合适的设计公司，子悦心中有些疑惑，但看到赵经理正在接电话，就不敢再提问。回到自己的工位后，她考虑了一下，觉得还是尽可能多地收集一些设计公司的资料，以方便赵经理挑选。

子悦认认真真地做了一份名单，发给赵经理后，却遭到赵经理的一通训斥：“子悦，我明明说过让你选择一家设计公司，你怎么发给我这么多公司名字？”

子悦不好意思地解释道：“我怕自己选不好，觉得还是该由您来拿主意。”

赵经理更生气了，一拍桌子道：“那公司招聘你还有什么用？看看你这份名单，就列了些名字和电话，既没有详细资料，也没有其他客户的参考意见，你让我怎么选？”

子悦的脸涨得通红，她嗫嚅道：“对不起，我没考虑周全。”

赵经理冷冷地哼了一声道：“这不是没考虑周全的问题。你来公司时间也不短了，还不知道该如何做事吗？不懂的问题就要多问，做好工作后也要及时汇报，工作要积极点、主动点，不能什么事情都等着领导来处理……”

子悦没想到赵经理会给自己这么糟糕的评价，她羞愧、难过极了，哭着跑出了办公室。赵经理在她身后连连摇头，嘴里还说着：“现在的员工也太娇气了，领导批评一句就哭哭啼啼，真是……”

在这个案例中，沟通双方因为各自“参照框架”的局限，都表现出了一些沟通上的问题。以下属为例，她有一些被动沟通的问题，不能确定上级的指令，却不敢发出疑问；而且她还有缺乏决断力的问题，遇事不能自己想办法解决，总是依赖别人拿主意。

而从上司的角度来看，他有妄下结论的问题，喜欢通过个别事例对下属进行定性判断——仅仅因为一个任务处理不到位，便将下属定性为不知道如何做事、工作不积极不主动，严重伤害了下属的自尊心。在下属伤心离去的时候，他完全意识不到自己的态度过于粗暴，引发了下属的负面情绪，相反，他从自己的“参照框架”出发，想当然地觉得下属就是“娇气”。

参照框架就是像这样不断影响着人们的沟通过程，如果不能及时发现其中的问题，我们就会变得狭隘、盲目，还会感受不到对方的情绪、心理变化，无法顺利地与对方共情，由此导致沟通不顺畅、关系不和谐、目标难达到。

为了避免出现这样的消极结果，我们只有先走出参照框架的限制，才能更好地感受对方的喜怒哀乐，也才能够真正做到共情沟通，而这可以从以下三点做起：

1. 发现自己的参照框架

心理学家将这一步骤称为“把镜子转向自己”，也就是要看清楚自己的认知、思维、行为是如何形成的。经常进行这样的“自省和反思”训练，能够提升对参照框架的觉察力。

比如有的人喜欢从个别事例上升到对他人的定性判断，或是根据尚未证实的假设进行主观臆断，这些都是典型的消极参照框架，也是造成沟通失败的重要因素。对此我们应当积极反省，才能逐渐发现那些隐藏在内心深处的假设、规则、逻辑和成见，并能够发现其中不合理的成分。

2. 对狭隘的参照框架进行改善

对于狭隘的参照框架，我们可以利用心理学家给出的“左手栏”工具予以改善。

在具体操作时，我们可以拿出一张白纸，将其分为左右两栏，再在右手栏中写上自己在现实中所说的话，注意要原原本本地进行记录，不要刻意美化；之后，我们可以在左手栏写上自己想说却没说的话。通过左右两栏对比，我们能够更加清楚地洞察内心不合理的假设，突破消极的参照框架。

在下一次沟通的时候，我们可以鼓励自己按照左手栏的说话方式去沟通，事后再为自己评分，看看自己有多少话语符合左手栏的要求，以此推动自己一点点进步。

3. 通过学习修正参照框架

我们还可以通过学习成功的人际沟通案例来开阔自己的视野，活化自己的思维。另外，我们也可以了解更多新的思考逻辑，掌握更多的规则，在此基础上更新自己的思考路线，修正参照框架，使自己能够获得更多的提升机会，还能为之前困扰自己的很多沟通难题找到答案。

必须指出的是，由于参照框架存在于潜意识中，会不知不觉地操控我们的思维和情绪，所以我们一定不能过于心急，要鼓励自己耐心地反复练习，才能让正确的价值观、科学的规则、合理的逻辑成为牢固的信念进入潜意识层面，从而指导我们的认知、判断和沟通。

学会“知觉检核”，摆脱共情缺陷障碍

心理学家道格拉斯·拉比尔曾经提出这样一个名词，叫“共情缺陷障碍”。他认为有这种障碍的人，会被局限在自己的世界里，始终以自身为参考标准，无法设身处地地感受他人的想法、情绪和信念。

这方面的代表人物当数法国路易十六的王后玛丽·安托瓦内特，据说在被告知贫苦的人民连面包都吃不上时，玛丽满不在乎地说：“为什么他们不吃点奶油蛋糕呢？”一句话便可看出她与底层人民根本无法共情，而她这句冷酷的话语也引发了人民的强烈愤怒。

无独有偶，在我国的历史上，也曾出现过这种让人哭笑不得的案例。晋惠帝司马衷过着穷奢极欲的生活，老百姓却在灾荒和战乱中频频饿死，他听到百姓受苦挨饿的消息后，却无情地说：“他们为什么不去吃肉粥呢（何不食肉糜）？”

这些案例都让我们看到了“共情缺陷障碍”的可怕之处，它会让人失去最基本的同理心。而在沟通的过程中，共情障碍不但会影响沟通的顺利进行，还会诱发人际冲突，严重时可引起关系破裂和彼此敌对。

为了帮助我们更好地理解“共情缺陷障碍”，拉比尔讲述过这样一个案例。

拉比尔曾经遇到过这样一对互相抱怨的夫妻。

妻子经常埋怨丈夫对家人缺少关爱，每天下班回到家中，总是只顾着看报纸、看球赛，却不肯花一点时间陪伴孩子。她也有自己的事业，却不得不承担更多的家庭重任，这让她觉得“很不公平”。

拉比尔找了一个适当的时间，和这位丈夫就这个问题展开了交流。可这位丈夫却用平淡的语气说："我知道她什么意思，但我也很不容易。在公司辛苦工作了一天，到家已经觉得很累，什么都不想做，我还希望她能安慰安慰我呢。可是从她那里，永远只能得到白眼和指责……"

拉比尔最终放弃了说服，因为他发现这位丈夫的眼中只有"自我"，从来就没有试图体会妻子的情绪和感受。

"他就像是生活在另一个世界，只关注自己的需要，只用自己的标准衡量人和事……我不得不说，他是一个彻底的共情无能者。"拉比尔无奈地得出结论。

在生活中，像这位丈夫一样的共情无能者并不少见，对于自我的执着使他们无法接纳他人的"自我"，却总喜欢用他们的"自我"去评判他人，由此便会造成沟通受阻的问题。

想要解决这样的问题就需要放下"自我"，停止将自己的标准强加于对方，也不要先入为主地认为对方是错的，自己是对的，否则很容易让对方产生抵触心理，沟通的大门也会随之关闭。

比如，当伴侣对我们抱怨不已的时候，我们就不应立刻从自身角度出发，认定对方是在故意与我们作对，或是想给我们制造麻烦。

我们需要做的是倾听和了解对方抱怨的原因，在确知他所处的困境后，我们会发现对方的语言和行为其实是有原因的，由此出发进行深入沟通，才能解决问题、化解矛盾。

想要更好地了解对方的感受，"知觉检核"是一种不错的沟通技巧，它能够帮助我们走近对方，也能够避免我们过于草率地下结论。

比如对方在我们面前大力关上了房门，发出"砰"的一声巨响，此时我们可能会草率地认为对方是在表达对我们的不满，并会因此引发不必要的矛盾。但要是使用"知觉检核"的技巧去沟通，就能避免产生误解。具体的做法可以分为以下三个步骤：

一是从客观的角度向对方描述我们看到的行为，注意不要添油加醋，也不要进行主观臆断和有失公允的评判；

二是设身处地地进行思考，为对方的行为找出至少两种可能的诠释；

三是以温和的口吻和对方交流，请求对方对自己的行为做出澄清。

同样是对方大力关门的例子，我们就可以这样询问对方："我刚才看到你用力关上了房门（描述行为），我不确定你是遇到了什么不开心的事（第一种诠释），还是你太过着急，不小心做出了这样的举动（第二种诠释）。那么，能告诉我你真正的感受是怎样的吗（请求对方的澄清）？"

这种"知觉检核"技巧适用于多种沟通情境。比如在职场中，在我们发现下属没有按时完成任务的时候，倘若采用自以为是的说法，草率地质问下属："你为什么就不能让我省点心？为什么总是要给我添麻烦？"可想而知，这种从"自我"出发的沟通方式会给对方造成多么大的情绪冲击，也很有可能引发人际矛盾。

可要是采用"知觉检核"技巧，情况就会大不相同。比如，我们可以这样对下属说："我注意到你最近工作效率有点低（描述行为），是工作任务量安排得不够合理（第一种诠释），还是你在生活上遇到了什么困难（第二种诠释）？你能告诉我究竟是什么原因吗（请求对方的澄清）？"

这样的说法既能够避免主观臆断，又能够拉近和对方之间的心理距离，还可帮助我们了解对方真正的想法、情绪和感受。

当然，在进行"知觉检核"时，我们一定要多使用委婉的说法、平和的语气，避免采用攻击性的话语，这样才不会引起对方的过度防卫心理，也有助于共情沟通的顺利进行。

克服自负心理，不要一味否定他人

自负心理是共情的大敌。按照心理学家的解释，自负是过高估计个人的能力，同时过低评价自己的短处，失去了自知之明，属于一种典型的“自我服务偏差”。

在沟通中，自负心理会让人有什么样的表现呢？自负的人过于关心个人的需要，在沟通中会格外强调自己的感受，不愿意认真体察他人的感受。

自负的人还会看低他人的能力，因而会有听不进他人意见、习惯性否定他人的问题，常常会让沟通陷入僵局，也会让人际关系变得十分紧张。

在下面这个案例中，一个工作积极的下属就遇到了一名自负心理极强的上司。

陈璐大学毕业后，进入了一家房地产公司的人力资源管理部门工作。公司规模不大，但发展速度较快，陈璐对公司发展前景非常看好，还利用业余时间撰写了一份建议书，希望能够向领导展示自己的才华，得到领导的认可。

没想到陈璐的一腔热情却被顶头上司方经理泼了冷水。在方经理看来，陈璐不过是个初出茅庐的大学生，没有什么实战经验，所提的建议肯定不会有什么大的价值，所以他用傲慢的语气说：“小陈，你才进公司不久，还是得多花些时间熟悉自己部门的工作，年轻人做事不能太心急。”

陈璐没想到方经理还没看过自己的建议书，就毫不留情地予以否定。她有点不高兴地说：“经理，我也知道自己人微言轻，可是这份建议书确实是我花费了不少心血做成的……”

陈璐还没说完，方经理就打断了她，还拿起桌上的一份报告对她说：“你看，我这不是没时间嘛，多少事情等着我做呢。这样，你先回去好好工作，你的建议书我有空再看。”

说罢，方经理就翻开报告看了起来，陈璐又羞又窘，匆匆地离开了经理办公室。从那天起，她心中充满了不被认可的失落感，对工作也提不起劲来。刚进公司时她是那样激情洋溢、意气风发，现在却像是换了个人似的……

案例中的方经理有明显的自负心理，对自己有过高的评价，还习惯性地否定、贬低他人，在沟通中很少会考虑对方的感受。

年轻的下属带着满腔热情来找他沟通，想要听听他的指点，获得他的认可，但他却忽视了下属的心理需求，一味从主观出发，武断地做出判断，认为下属年轻、没有经验、做事急躁；并且他还在言语中流露出了对下属的不信任，严重伤害了下属的情感，也影响了她的工作积极性。

而在下面这个案例中，一位过于自负的男士因为错误的沟通方式，让相亲对象非常反感。

32 岁的苏文是个相貌堂堂的小伙子，可他却一直都没有谈过恋爱。家人没少为他的终身大事发愁，也尝试让他去相亲，但结果却并不理想。

这天，苏文来到一家咖啡馆，和同事介绍的相亲对象丽娟见面。见到丽娟的那一刻，苏文只觉得眼前一亮。

“她就是我的理想型。”苏文对自己说着，同时暗暗下定决心，一定要好好表现，争取给丽娟留下最好的第一印象。

于是，苏文对着丽娟侃侃而谈，说自己本来有进入顶尖学府的实力，但考试却没有发挥好，才被迫“沦落”到了某某大学。不过在大学里自己的表现一直是最拔尖的，当时也有不少女孩主动追求自己，可自己一心用功学习，没有兴趣理会那些“风花雪月”的事情，这才导致一直都是单身。

苏文说得热火朝天，丽娟看上去却有些缺乏兴致，她甚至还打了个哈欠，显得有些没精打采。苏文有些着急，连忙说道：“我现在在 ×× 公司工作，你之前听过这个名字吗？”

丽娟摇了摇头，苏文有些失望，但还是耐心地解释道：“可能我们公司不太出名，但口碑确实很不错。我进入公司的时间虽然不长，但上级很器重我，跟我同期进公司的那些员工，表现都不如我。其实我这个人就是不爱自夸……”

听到这句话后，丽娟忍不住捂住了嘴，遮住了一抹嘲讽的笑意，见苏文还打算继续说下去，丽娟不耐烦地找了个借口，提前离开了咖啡馆……

在沟通中，苏文本想将自己最好的一面展示给相亲对象，但不懂得共情的他并没有意识到对方不喜欢这种自负、傲慢的“表演”，他越是夸赞自己的优秀，就越是让对方觉得厌恶，最终相亲也归于失败。

这个案例也提醒我们，想要学会“共情”，一定要努力克服自负心理，在沟通时要放下姿态，并牢记以下几条原则，才能更好地感受他人的情绪和心理变化，与他人进行平等、高效的交流：

1. 平等原则

沟通中的“平等原则”指的是人与人之间人格或精神相互平等，能够进行亲切、友好的沟通。想要做到这一点，我们就应当抛开身份和地位的差异，表现出积极的态度、亲和的语气、主动的姿态，去和对方交流。

在交流的过程中，我们不应过分关注自我，不能总是从自己的角度来表达；也不能表现得好为人师，不能态度强硬地要求对方接受自己的观点，否则只会引发对方的抗拒情绪。所以我们要多做换位思考，表述也要尽量客观，不要高高在上，才能让对方更容易接受我们的说法。

2. 尊重原则

获得尊重是一个人最基本的心理需求，我们在与他人交往时，一定要注意满足他人这种需求。为此，我们要注重基本的交际礼仪，要多使用礼貌用语，将话语说得更加动听；并要尊重他人的人格，学会欣赏他人的优点，接纳他人的缺点和不足。

尊重是相互的，我们只有对他人表现出足够的尊重，才能赢得他人的尊重，沟通也才能够在轻松、愉快的氛围中进行下去。

3. 坦诚原则

在沟通中，我们还应当保持坦率、真诚的态度，如果有不同的意见，不要用粗暴的方式直接否定对方，而应当坦诚地提出自己的具体看法，这样不但能够消除误会、增进理解，还能提升沟通的效率。

相反，如果我们在沟通中刻意回避某些话题，不愿深入探讨，反而会引起对方的疑虑，甚至引发矛盾。

4. 开放原则

自负心理会让我们在沟通中走向“自我封闭”，不愿意接受新颖的思想、观念，也会让自己失去很多进步的机会。

所以我们应当变“封闭”为“开放”，要向对方敞开心扉，积极接纳对方提出的新知识、新想法，并可以和对方展开友好讨论，这不但会让沟通氛围变得更加和谐，还能给自己创造学习和提升的机会。

当然，想要摆脱自负心理、掌握共情沟通的技巧，并不是一朝一夕的事情，我们不妨牢记上述四条沟通原则，在日常沟通中积极锻炼，便能够逐渐提升自己的表现能力，也有助于建立更加和谐的人际关系。

停止对抗性思维，沟通不是为了压服对方

“对抗性思维”是一种影响共情的不良思维方式，习惯这种思维方式的人会不自觉地把沟通对象视为“对手”，并会对对方的动机做出不好的预判，进而采用一些富有攻击性的表达方式，试图从言语上压服对方，而这只会让沟通在很不愉快的氛围中惨淡收场。

在下面这个案例中，上级和下级在沟通时就表现出了很强的“对抗性思维”。

明涛在某公司担任销售部经理。一天下午，他准备和一个重要的客户洽谈业务，他对这次会面非常重视，早早通知了秘书小琪，让她务必准备好资料，调试好投影仪等设备。

小琪去会议室确认过设备没有问题，下午也提前半小时到会议室做准备，谁知投影仪偏偏出现了故障，无法正常启动。小琪也很着急，只好先去其他会议室借了一台投影仪。

看到小琪手忙脚乱的样子，明涛不禁有些生气，他批评小琪道：“我不是跟你强调过要做好准备吗？你是不是根本没把我的话听进去？”

小琪连忙为自己辩解道：“我也不想出现这样的结果啊。上午我明明来检查过，那时候设备还是好好的……”

明涛却觉得小琪是在狡辩，他带着怒气说：“错了就是错了，与其找那么多理由，还不如想办法解决问题！”

小琪也不高兴了：“我没有找理由，只是在陈述事实，而且我也已经想到

了补救措施，借来了投影仪，不会影响您和客户会面……”

两人你一言我一语，谁都不肯让步，会议室的气氛变得十分紧张。直到客户到来，他俩才停止了争执，但心中都很不舒服。明涛带着情绪和客户交谈，沟通效果也不是很理想。

这个发生在会议室的故事本是一件小事，却因为沟通双方的“对抗性思维”变得复杂化，最终使双方陷入了冲突，关系也变得非常紧张。

为了避免出现这样的情况，我们在沟通时一定要注意减少对抗、促进合作。在沟通过程中，即便我们完全不能同意对方的观点，也不应当立刻反驳，更不应该用强硬的语气和措辞压服对方，否则只会让矛盾不断激化。

另外，心理学家建议我们注意在沟通中做好以下几点：

1. 避免“自以为是”的沟通

社会心理学中有一个名词叫“透明度错觉”，指的是人们会高估自己的心理状态被他人知晓的程度，也会高估自己对他人心理揣摩的准确度，因而在沟通中会表现得“自以为是”，也会引发矛盾。

案例中的明涛就有这种问题，他并不了解事实情况，就随意地揣测秘书“没把我的话听进去”，没有认真做好准备。基于这种揣测，他产生了不少消极情绪，还在言语中表现了出来，造成了之后的沟通障碍。

由此可见，我们在沟通前要尽量减少揣测，并要理性、慎重地处理各种信息，才不会形成偏见和负面情绪。

2. 不要急着给对方“贴标签”

在“透明度错觉”的影响下，我们很容易给对方贴上各种负面标签，比如对方之前表现得犹豫不决，我们就会给他贴上“没有主见”的标签；对方不小心犯了个小错误，我们又会给他贴上“马虎大意”“没有责任心”之类的标签。

这其实是一种以偏概全的思维方式，得到的结论也是不客观、不全面的。如果我们按照“标签”上的内容去看待对方，自然会进入对抗性思维的怪圈，会听不进去对方的话语，也无法耐心地体察对方的感受，很容易让沟通陷入僵局。

所以我们一定要提醒自己，不要随意地对他人做负面评价，在沟通时要学会就事论事，切勿以偏概全，避免从小事上升到对他人人品、性格的错误判断。

3. 改变想要批判对方的心态

在沟通中，我们还需要解除自己的戒备心理，改变想要批判对方的心态。如果双方本来就有意见分歧，我们可以开诚布公地表明态度，告诉对方：“我不是为了继续争论才和你沟通的，我想了解问题到底出在哪里，你愿意跟我好好地谈一谈吗？”

如果在沟通过程中出现了意见上的不统一，我们也不要急着责备、批评对方，而是可以这样表达看法：“我觉得我们看待问题的角度不同，对于这件事，我是这么看的……”接下来，我们可以把控制权交给对方，不妨问问他们：“你觉得我的想法有哪些问题？你愿意跟我达成共识吗？”之后双方可以展开友好的讨论，而不是激烈的争论，问题也能够得到妥善的解决。

除了上述几点外，我们还应当注意减少语言的攻击性，要学会采用建设性而非破坏性的方式去解决冲突，这样我们就会发现每一次沟通其实都可以很快捷、很高效。

区分“投射”和真情实感，避免以己度人

在共情沟通中，我们要注意避免犯“投射”错误。所谓“投射”，是一种典型的心理防御机制，指的是人们把自己的想法、态度和心中的情绪感受投射到他人身上，认为他人也会有这样的想法、这样的情绪，但这显然是不符合客观实际的。

因此，我们必须清楚地区分“投射情感”和对方的真情实感，否则很容易造成误解，会让我们产生错误的判断和不良的态度，“共情”的效果也会受到严重影响。

美国的一些心理学家曾经做过一个著名的“伤痕实验”，可以帮我们认识“投射”会造成怎样的情感误区。

在这个实验中，心理学家告诉一些志愿者：“我们会在你的面部做出一道非常逼真的假伤痕，再把你送到人群中，请你帮我们观察并记录一下周围人的反应。”

在得到了志愿者的同意后，一位手法高明的专业化妆师在他们的脸上画出了一条触目惊心的伤痕。画完后，每个志愿者都得到了一块小镜子，可以大概看一下化妆效果，但很快小镜子就被“没收”了。

接下来，化妆师告诉志愿者：“我需要在你脸上涂抹一些固定妆容用的粉末，请闭上双眼。”可在志愿者闭眼后，化妆师却拿起了化妆棉，将那条伤痕擦得干干净净。

但志愿者对此一无所知，他们被送到了各大医院的急诊室，在那里待了

一段时间。随后他们返回实验室，每个人看上去都很不开心。心理学家问他们情况如何，他们立刻发出了抱怨，说周围的人都很粗鲁、很不友好，也没有礼貌，一直盯着他们脸上的伤痕看，让他们感觉既尴尬又难受。

此时心理学家拿出了一面清晰的大镜子，请他们仔细观看镜中的自己，他们这才惊讶地发现，自己脸上其实并没有什么伤痕！

在这个实验中，志愿者并不知道伤痕已经被擦去，他们觉得自己的脸看上去很怪异、很难看，这让他们产生了尴尬、羞耻、烦躁的感受。当他们来到人群中后，会不知不觉地将自己的想法和感受“投射”给他人，觉得“他们肯定觉得我很奇怪，他们不喜欢我，甚至会歧视我”。

在“投射”的影响下，别人无论做出什么样的举动，在他们眼中都带有不好的意义。比如别人可能只是无意地一瞥，却会被他们解读为：“这个没礼貌的人，在盯着我的伤疤瞧，他一定是在心里嘲笑我。”

在这个过程中，志愿者似乎将自己代入了对方的角度，但这并不等于共情，因为他们是在以己度人，更关注的是自己的心理过程；而共情却截然相反，更关注的是对方真实的情绪和态度。

一般而言，投射会有以下几种常见的情况：

一、相同投射，指的是忽视自己与他人的差别，直接将自己的感受、想法等同于他人的感受、想法。比如夏天在办公室里，有的员工自己感到非常燥热，就认为大家都有同样的感觉，于是将空调温度调得很低，却引起了大家的不满，这就是一种“相同投射”。

二、愿望投射，指的是将自己的主观愿望强加于人。比如自己对对方关怀备至，就渴望对方用同样的方式回应自己，对方不这么做的话，自己就会感到沮丧、失望，甚至还会对对方产生怨恨心理。

三、情感投射，指的是将自己的情感投射到他人或某些事情上。比如“爱屋及乌”就是典型的情感投射，会让我们失去对人、对事的客观认知。

了解了各种“投射”之后，我们在沟通中就要注意避免“投射”对自己的影响。

为此，我们可以从以下几点做起：

1. 尊重差异，避免“相同投射”

由于家庭教育、成长环境、人生经历各不相同，每个人对人和事物的感知是有差异的。我们不能习惯性地以己度人，而是应当充分地尊重对方个性化的感知、意愿。

特别要注意不能因为自己的出发点是好的，就想当然地认为某些事情一定会是对方需要的，这种一厢情愿的做法只会引起对方的反感。

2. 放低期待，避免“愿望投射”

在一段关系中，我们不能强求他人按照自己喜欢的方式对待自己，而是应当放低期待，学会用平常心来应对，才不会总是产生“我的付出没有得到应有回报”的想法。

当然，我们也要避免一味地向对方索取关心，却不在乎对方的心理需求，这也会让情感关系逐渐变质。

3. 调整认知，避免“情感投射”

为了摆脱“情感投射”的影响，我们需要更加客观地分析人和事，而不能因为已有的好恶做出过于草率的决策。比如因为反感某个人，就尽量避开与此人有联系的一切人和事，这会让我们错过值得交往的人，更有可能失去不少有利于个人发展的机会。

所以，我们一定要及时调整这种狭隘的认知，对人和事做出理性、公正的评价，才能避免在“投射”影响下做出错误的判断。

预防“冷漠陷阱”，解决“共情不足”问题

“冷漠陷阱”是一种常见的共情障碍，有这种问题的人会表现得非常理性，遇事不容易受到自身情绪的影响，较少出现情绪化的状态；但对于他人的情绪，他们也难以真正理解并感同身受，因而会给人留下非常冷漠的印象。

在下面这个案例中，一个年轻的女孩就陷入了“冷漠陷阱”。

27 岁的文佳是一个聪明、漂亮的女孩，工作能力也很强，在单位能够独当一面。可是在生活中，文佳却总是独来独往，没有关系要好的同事，也没有能够倾心交流的朋友。

之所以会出现这样的情况，文佳自己倒是知道一些原因。她早就发现自己对别人的情绪变化很难产生反应，有时别人在她面前讲述一件非常伤心的事情，她的内心却毫无波动。

有一次，一个朋友对她说起自己失恋的经过，说着说着还哭了起来，她不但不同情，反而有一种很尴尬的感觉，还在心里悄悄地说：“至于这么难过吗？”

朋友哭诉了半天，也没有得到她的一句安慰，不禁十分失望。最后朋友伤心地说：“你这人可真是冷漠，以后我不会再来烦你了。”

从那以后，这位朋友果然不再联系文佳。文佳也觉得非常后悔，再遇到类似的情况时，她就会假装出一些情绪反应，让别人觉得自己不是那么冷酷无情。可是她演出来的反应太过刻意，反而让别人觉得她有些虚伪，对她更是敬而远之……

在生活中，像文佳这样的“共情不足者”并非少数。这种情况与成长方式、人格特质等因素有较大的关系，比如有的人在孩童时期没有从家庭内部获得足够的情感支持，他们的情感需求常常被养育者忽视，也没有学会合理表达自己的情绪，待他们长大成人后往往不善于与他人建立联系，也无法较好地体验自己和他人的感受。

而从人格角度来看，“大五人格理论”（心理学家认为五种特质可以涵盖人格描述的所有方面）的“宜人性”与共情能力息息相关。“宜人性”代表个人对其他人所持的态度，高宜人性者更容易信任他人，待人也比较坦诚、直率，而且他们愿意帮助别人，性格温和、懂得谦让，也很富有同情心，容易感受到别人的悲伤，表现出较强的共情能力。相反，低宜人性者对他人的情绪就没有这么强烈的感觉，他们表现得更加冷静、理性，但有时会显得“铁石心肠”。

案例中的文佳便是一个典型的低宜人性者，这类人可能在处理事务时显得颇有决断力，但是在人际沟通、人际交往中却会遇到不少阻碍，人们在与他们相处时也会感受到较大的压力。

因此，这类人需要提升自己的共情能力，改变自己在他人眼中冷漠、不近人情的形象，而这可以从以下几点做起：

1. 先识别、了解自己的情绪

共情应当从识别、了解自己的情绪开始。我们要学着用具体、生动的词语来描述情绪，而不要总是使用一些笼统、概括的词语。像“心情不错”就可以用开心、喜悦、兴奋、激动、自豪、骄傲等不同的词语进行描述。

我们只有准确地认知并描述自己的情绪，才有可能更好地感受别人的情绪，而不会对他人的情绪变化无动于衷。

2. 倾听他人的感受

共情不足的人往往会有不善于倾听的问题，当别人带着自己的“故事”前来沟通的时候，他们要么会觉得不耐烦，不愿意花时间倾听别人的诉说，要么会觉得很尴尬，不知道该如何应对。

这类人特别需要提升自己的倾听能力，而且在倾听时要注意跳出自己的固有思维和经验的限制，并且要多从他人的角度去分析、理解问题，才不会觉得倾听是一件痛苦的事情。

3. 给予真诚的反馈

在倾听的同时，我们一定要注意给予对方真诚的反馈，切忌像案例中的文佳这样用一些夸张的反应来“表演情绪”。

我们应当时刻牢记，“共情”是一种因感同身受而自然出现的反应，只有这样的反应才能让对方知道我们能够领会他的感觉，对方会感到安慰、愉悦，并会和我们建立起更加亲密的联系。

跳出“顺从陷阱”，一味说“是”是种敷衍

与“冷漠陷阱”相对的是“顺从陷阱”，也就是在沟通中为了避免得罪对方或引起冲突，而采用顺从式的表达，盲目迎合他人。这种没有自我立场和态度的沟通方式与共情背道而驰，不但无法达到理想的沟通效果，还会给他人留下唯唯诺诺、不够自信的印象。

“顺从陷阱”是如何影响沟通的？我们不妨用一个案例来说明。

26岁的刘杰一直都很在意别人对自己的看法，无论是在家还是在工作场合，他都会习惯性地说：“好好好，就听你的。”在一个集体中，他也总是会站在大多数人的一边，哪怕他心中有不同意见，也不敢轻易表露。

虽然有的时候他也会觉得不舒服，但他更害怕发表异议会让别人不开心，进而会不喜欢自己，所以他越来越习惯这样的沟通方式。就连谈恋爱的时候，也很少会表达自己的想法。每次女友说什么，他连想都不想，就会回答：“好好好，就这样。”没想到女友不但不觉得他体贴，还说他对自己“太敷衍”，只知道说“好”，却不知道自己真正需要的是什么。

在工作中，刘杰也遇到了麻烦。领导本来比较看重他，想给他一个锻炼的机会，让他负责一个比较重要的项目。然而，刘杰在和其他部门协商配合时，又犯了老毛病——他无论何时都没有自己的立场，谁来找他诉苦，他都说“行行行，就这么办”，同事不免在背后说他是在“和稀泥”。

领导对他的表现非常失望，很快就把他调离了项目。刘杰这才意识到了

自己身上的问题，但他却不知该如何改变。

刘杰在沟通中就陷入了“顺从陷阱”，他错误地认为自己只要在语言上顺从他人，不跟他人发生争论，就能获得他人的好感。

这种想法显然是错误的，因为他根本就没有认真地感受和理解他人，不知道他人真正的想法是怎样的，也不了解他人内心深处的需求。他总是用“是是是”“听你的”“行行行”之类的话语来回答对方，自然会让对方感到很不舒服。更糟糕的是，一味顺从不但无法让对方喜欢他，反而还会产生相反的效果，让对方觉得“这个人很圆滑，只会说一些模棱两可的话”“这个人态度很敷衍，根本就没有认真听我的意思”……

因此，在沟通中我们一定要注意摆脱“顺从陷阱”，要学会在共情的基础上进行交流，为此，我们可以从以下几个方面进行改进：

1. 减少对沟通的恐惧

习惯顺从式表达的人往往会对沟通有一种恐惧感，一方面是因为他们害怕沟通会引发冲突，会给自己带来很多麻烦，也会浪费不少时间和精力；另一方面是因为他们不够自信，觉得自己会说错话，会引起对方的反感，更会破坏彼此之间的关系，所以为了减少冲突，也为了自我保护，他们才会像刘杰一样一味说“是”。

这类人要学会从主观上减少恐惧感，要让自己认识到沟通的价值和意义，学会用沟通解决问题、联系情感、满足自我和对方的需要，就能够逐渐摆脱害怕、逃避沟通的心理。

2. 提升“自我感”

落入“顺从陷阱”的人还有缺乏“自我感”的问题，他们遇事没有主见，也不能很好地维护自己的立场，特别是在沟通对象比较强势的情况下，他们更容易在压力下妥协——不会表达自我意愿，只知道消极地迎合对方。

为了避免这种情况出现，这类人在沟通前需要弄清楚自己真正需要的是什么，再通过共情找到对方的内在需求，之后可以在自己和他人的需求之间寻找一个平衡点，再由此出发展开交流，最终才能取得让双方都感到满意的沟通效果。

3. 改变语言习惯

很多时候，“顺从”会成为一种不好的习惯，在习惯的作用下，我们可能还没来得及思考，就开始对对方说“是”，这不但会让自己的立场提前丧失，还会让对方觉得非常尴尬。

所以我们很有必要改变这种坏习惯，在每次开口前，不妨有意识地停顿几秒，避免即将出口的“是是是”“对对对”。之后我们可以客观、理性地分析对方的话语，理解对方的感受，再选用更加适合的话语去回复，就不会让对方有敷衍了事的感觉了。

改变“被动性思维”，共情要学会主动出击

你在沟通中存在“被动性思维”吗？心理学家指出，有这种问题的人就像是缩在自己的保护壳里，不敢主动开口，总是等着别人来询问自己，才会给出回应。

有这种思维的人不善于表达自己的观点和情绪，他们一般会有两种截然不同的表现：第一种是“消极被动型”，这种类型的人在表达情绪前总是会有太多的顾虑，害怕自己的情绪会伤害到他人，更害怕会引起矛盾，让自己陷入尴尬的境地，所以他们常常会默默地压抑情绪，不表露自己的真心。

第二种是“消极攻击型”，这类人心中有太多的负面情绪，又不会自我疏解，他们往往会用一些比较隐秘的方式来发泄自己的不满，比如冷暴力、摔门、砸东西等。

无论是哪一种被动沟通模式，都是低效而有害的，不利于双方互相理解态度、看法和情感。因此，在沟通中，我们应当学会变被动为主动，与他人积极地开展沟通交流，这不光能让他人更好地了解我们、认可我们，还能对他人起到一种鼓励作用，使他人也能够投入这段对话中，能够分享自己的意见和感受，从而起到共情沟通的效果。

在下面这个案例中，我们可以看到“被动性思维”是如何影响沟通的。

王楠在一家通信公司的技术部门工作，他业务能力很强，做事很有条理，但却有一点不足，就是不善于与同事沟通，也因此引发了一些不必要的问题。

最近，公司从各大院校招聘了一批成绩优秀的毕业生充实到各个部门，

为了让他们尽快适应工作，公司安排了经验丰富的老员工对他们进行指导，王楠被委派去帮助新人小杨。

小杨是个性格开朗的女孩，但有些大大咧咧，见到王楠后没有称呼“王老师”或“前辈”，而是直呼其名，让王楠觉得很不舒服。而且小杨遇到问题后总是喜欢马上说出自己的想法，想和王楠一起讨论解决，但这在王楠看来就是“性格浮躁”“不善于自主解决问题”。

虽然小杨一直在认真学习，王楠还是对她产生了很多不满，但他又不肯直说，便采用了“冷处理”的办法——尽量不与小杨接触，有时实在避不过去了，就推托说自己很忙，让小杨去找别人请教。

小杨感到非常困惑，不知道自己做错了什么。在迷茫中，她决定向部门经理求助。部门经理了解了情况后，又找王楠沟通，经过一番劝说后，王楠才说出自己觉得小杨“没礼貌、浮躁、态度不好”。

部门经理忍不住笑了：“你反映的问题确实存在，但你作为老员工，发现了新员工身上的不足，完全可以把自己的看法讲给她听，督促她及时改正。”

王楠为自己辩解道：“我这不是怕她难为情吗？万一她因此生气了，也会影响同事关系啊。”

部门经理摇头道：“可你不主动和她交流，她心中充满了猜疑，还会觉得你太傲慢、不近人情，这不同样会影响关系的和谐吗？”

王楠不得不承认经理说的话很有道理，他思考一番后，决定做出改变……

王楠在沟通中就表现出了明显的“被动性思维”，让他人感到非常费解，也不利于建立和谐的人际关系。

事实上，每个人都有被人认同、被人承认的需要，而积极主动的沟通常常会起到很有效的作用。因此，我们应当采用正确的方式及时表达自己的观点，使他人能够确认我们的看法，而不用总是费力去“猜”；如果我们在工作、学习中取得了某些成果，也要积极地和他人分享，这不但能够让自己获得更多的愉悦感、自豪感，还能提升我们在他人心中的形象；当然，若是我们不小心犯了错误，也要勇于承认，并应及时和相关人员沟通……只有努力和他人进行积极主动的沟通，我们才能获得更多的机会，赢得更多的喜爱。

那么，我们应当如何与他人主动进行沟通呢？

1. 不要对沟通结果进行“悲剧性联想”

很多有“被动性思维”的人之所以不敢或不愿主动开口，是因为他们对沟通的结果进行了不良预测，认为沟通一定会导致负面结局——不是不欢而散就是发生冲突，所以他们宁可闭口不言。

可实际上，不沟通或很少沟通只会让误会和分歧愈演愈烈，而沟通需要付出的“代价”却并没有那么多。在沟通中，困扰双方的问题能够被挑明，彼此之间的不妥之处也会暴露出来，这样或许会引发不快，但双方之间却取得了理解，还交流了情感，所以不但不会破坏关系，反而会让停滞不前的关系得到推进。因此，我们一定要在沟通前多进行乐观的联想，让自己对沟通充满信心。

2. 从描述事实开始，逐步过渡到表达感受和需求

如果你还不知道该如何主动沟通，不妨按照以下模式去进行：

（1）描述事实。与对方出现了意见分歧后，我们可以主动与对方沟通。为了消除误解，我们可以先描述客观存在的事实，但要注意不要急着加入自己的主观评论，这样才能让问题浮出水面，不会在第一时间引发争执。

（2）诉说感受。当对方接受了问题的存在后，我们可以诉说该问题给自己造成的感受，同样要注意不要批判、指责对方，这样才不会让对方产生抗拒心理，并且对方能够与我们产生情感联结，更有利于问题的解决。

（3）提出需求。当对方已经能够感同身受后，我们可以主动说出自己的需求。比如要求对方如何去做以改善眼前的状况。与此同时，我们也要承认自己身上的不足，并要表现出愿意改进的态度，同时可以主动询问对方有什么意见或建议。

当然，主动沟通意识的培养不是一蹴而就的事情，我们不能太过心急，要在行动上持之以恒，坚持培养主动沟通的习惯，就能让自己遇到的很多沟通问题迎刃而解。

第三章

共情沟通，在话语间传递理解和认可

适度“自我暴露”，拉近心理距离

每个人都有不同程度的自我保护心理，在与他人交往的时候，这种心理会让我们选择隐藏自己的信息和看法，这样做虽然会让自己获得不少安全感，却会让他人产生距离感，不利于人际关系的建立和维系。

下面我们来看一个与过度“自我保护”心理有关的案例。

瑞雯是一个长相漂亮、能力突出的女孩，在办公室里，她的表现是最优秀的，上级提到她时总是赞不绝口。可同事们对她的评价却不高，说起她的时候，大家最常用的说法就是“她让人觉得有点神秘，不太好接近”。

原来，瑞雯在与同事沟通的时候，总是会回避一些与自己信息有关的问题。就连同事问她是从哪个学校毕业的，所学的是什么专业，她也不愿坦言，只因她觉得自己不是名校毕业生，担心同事知道后会看不起自己。

有时同事们一起闲聊，随口问她下班后喜欢做些什么，想了解一下她的兴趣爱好，她也总是会用别的话题岔开，这不免会让人感到很不舒服。

时间长了，同事们不再主动找她攀谈，组织聚会的时候也不会叫上她，她在公司里只能独来独往……

瑞雯的自我防卫意识过强，在沟通中习惯性地掩藏自己，给同事们留下了不好的印象，也影响了职场人际关系的和谐。

想要解决这样的问题，瑞雯就需要改变自己的做法，代之以适度的自我暴露，也就是要在沟通中自发地、有意识地向对方袒露自己的信息，说出自己的心声，以赢得他人的理解和认可。

心理学家认为，自我暴露能够拉近人与人之间的心理距离，并可提升信任感和亲密感，有助于实现沟通共情。

当然，自我暴露并不是越多越好，心理学家将可以“暴露”的信息划分为以下四个层次：

第一层次：包括个人的性格特征、兴趣爱好、职业性质、生活经历、行为习惯等。比如我们可以在沟通中展现自己开朗、幽默的性格，或是认真、仔细的做事特点，还可以适当讲一讲自己的教育经历、成长经历、工作经历等。这方面的信息不涉及过多的个人隐私，在“暴露”时不会让自己感觉不舒服，而且还能减少对方的陌生感，有助于促进深度交流。

第二层次：包括我们对人、对事的看法、态度等。我们可以与比较熟悉的朋友、同事分享这类信息，能够让对方了解我们的人生观、价值观、爱情观等，有助于赢得对方的好感和信任。

第三层次：包括一些比较隐私、敏感的信息，比如自身的缺点、过去遇到的挫折经历、目前的情感状况、家庭关系等。这些信息适合向关系亲近的对象“暴露”，能够消除彼此之间的误解，并可促进情感的交流和碰撞。

第四层次：包括一些非常隐私的信息，比如一些不为人知的秘密、经历，或是不符合社会一般观念的想法等。这些信息只能向自己最信任、最依赖的对象“暴露”，不能随便向他人提及。

了解了自我暴露的四个层次后，我们可以根据沟通对象、沟通场合，选择坦露适当层次的信息。另外，我们还需要注意以下几条原则，才能达到最佳沟通效果：

1. 互惠原则

自我暴露应当具有交互性，也就是说，当我们向对方坦诚告知个人信息后，对方应当给予响应和回馈，这样双方都能够从自我暴露中获得愉悦感、亲切感，这就是自我暴露的互惠原则。

然而在现实生活中，我们可能会遇到这样的情况：在我们做出了一定的自我暴露后，对方却毫无反应。这可能说明我们选择暴露的信息是对方不感兴趣的，也可能是自我暴露的层次不恰当，让对方感到不适。此时我们应当停止自我暴露，再选择一些更加“安全”的话题，才能让沟通顺利地进行下去。

2. 适时原则

在自我暴露时，我们还要注意选择合适的时机，比如双方情绪都比较松弛，交谈氛围也非常和谐的时候，就可以考虑进行适当的自我暴露。

像下班后同事一起聚餐，或是遇到难处，家人、朋友对自己进行慰问的时候，就可以放下戒备心理，适度暴露心中的想法，以促进情感的共鸣。

3. 渐进原则

心理学家还提醒我们，即使在与关系非常亲密的对象进行交流时，我们也不能在一开始就进行猛烈的、深度的自我暴露，否则会让对方感到无所适从，不知该如何对我们回应。

因此，正确的做法是循序渐进地进行自我暴露，如可以先从一些无关紧要的个人信息讲起，待双方足够亲近时，再小心地提及该话题，就不会让对方感到手足无措。

如果我们在交往中进行互惠、渐进、尺度合宜的自我暴露，就能够逐渐赢得对方的好感和回应，有助于提升双方之间的亲密度。即使在交流结束后，双方也会对这段互动的关系产生享受感和满足感。

讨论对方感兴趣的事，引发好感和谈兴

在沟通中，我们可能经常会遇到无话可说的尴尬场面，可沟通高手却很少会被这种问题困扰，无论和什么样的人对话，他们似乎总有说不完的话题，这与他们有较强的共情能力有很大的关系。

善于共情的他们在沟通中不会一味讨论自己感兴趣的事情，而是会从对方的角度出发，思考对方的兴趣点在哪里。之后他们会从这些兴趣点出发制造话题，这样不但能够激发对方的谈兴，还能赢得对方的认可和好感。

关于这一点，威廉讲述过这样一件有趣的事情。

在多年前，威廉还是一个刚满8岁的孩子。有一次，他周末去姑妈家，遇到了一位非常热心的叔叔。

那位叔叔看他独自玩一艘模型船，便笑着对他说："这艘船很棒，我小时候也有一艘和这差不多的船，我带着它去参加比赛，得到了不错的名次。"

"真的吗？"小威廉对叔叔的话很感兴趣，一连问了叔叔好些问题，想知道叔叔的船到底是什么样的。

叔叔耐心地讲了很多与小船有关的事情，让威廉听得津津有味，也让他度过了一个非常愉快的下午。叔叔离开的时候，威廉还觉得意犹未尽，缠着叔叔不让他走……

很久以后，威廉才知道那位叔叔其实是一名律师，平时对船舶没有太大的兴趣，只是见威廉一个人待着，感觉他很可怜、很孤单，才会主动与他攀谈，并且为了让他高兴，叔叔故意讲了一些与船舶有关的事情，让他在谈话中获得了满足感和愉悦感。

这个案例中的叔叔就是一位高情商的沟通者，尽管他面对的沟通对象是一个孩子，但他却没有因为对方年龄小就随意敷衍，而是将对方放在和自己平等的位置上，通过共情找到了一个对方可能会感兴趣的话题，从而成功主导了一次愉快的对话。

我们在沟通时也可以采用这样的办法——揣摩对方的心理，寻找对方的兴趣点进行交流。在具体操作时，我们可以采用以下这几种办法：

1. 观察法

我们可以仔细观察对方正在做的事情，或是观察对方的穿着打扮、表情姿态等，这些细节都能够帮我们找到一些有意思的话题。比如在上面的案例中，那位叔叔发现威廉正在聚精会神地玩模型船，就推测他应当对船舶方面的话题感兴趣；再如一个沟通对象身着考究的服装，妆容、饰品搭配得非常到位，我们可以据此推测他对服饰方面的话题感兴趣，并可以夸赞一下他的品位。

2. 询问法

如果在观察中无法快速找到对方的兴趣点，我们也可以采用直接询问的办法去更好地了解对方。比如可以采用开放式提问法："你下班后喜欢做些什么？""周末一般怎么度过？"或者采用封闭式提问法："你平时喜欢阅读、运动还是旅游？"当对方给出回答后，我们就可以顺势展开谈话了。

3. 调查法

如果我们准备进行一场比较重要的谈话，而对方又是素未谋面的人士，为了让沟通进行得更加顺利，我们可以提前做一番调查，比如可以从熟人那里收集一些关于对方的资料，或是在网上查阅一番，了解对方的性格喜好、工作成绩、家庭关系等基本信息，知道对方有什么得意之处，然后准备一些相关的话题，这样在沟通时就能做到胸有成竹、不慌不乱。

需要指出的是，做好了资料的收集工作后，我们还应当进行一番筛选，要找出别人很少注意，却可能是对方非常重视的东西（注意回避对方的个人隐私），在沟通中提起此类话题，就会让对方感到十分惊喜。他们往往会高兴地赞叹道："你怎么连这个都知道！"此时对方心中会对我们产生不少好感，我们想要与对方建立情感上的联结也就不是难事了。

4. 关键字法

在沟通过程中，我们应当认真倾听对方的话语，并注意提取有价值的关键词，为谈话准备更多素材。比如对方随口说了一句："今天真倒霉，出门碰上了大堵车，紧赶慢赶还是迟到了五分钟，这个月的全勤奖泡汤了。"在这句话中，可以提取的关键词就有"堵车""迟到""全勤奖""倒霉"等，我们可以任选其一展开话题，都能让对方产生倾诉的欲望。

除了上述几点外，我们还可以从对方的职务、身份入手去寻找他们可能感兴趣的事情，比如业内最近出现的一些热点新闻、与对方所在公司或团体有关的正面消息等，这些话题都能够激发对方的谈兴，能够有效避免沟通冷场。

当然，我们在平时也应当多补充各方面的知识：要注意多阅读优秀的书籍，以提升自己的文化素质；可以广泛涉猎多学科知识，以开阔自己的眼界；还可以利用互联网收集和追踪最新的要闻大事，这样能够丰富自己的见闻，使自己对各种话题信手拈来。

需要指出的是，找到了话题后，我们还不能掉以轻心，要学会巧妙地组织语言，表现出理解、接纳的态度，而不要一味迎合对方，才不会显得刻意、虚假。

多问开放式问题，让对方自由展开思路

在前文中我们讲到了“开放式提问”和“封闭式提问”，这是两种最常见的提问方法。

所谓封闭式提问，就是将预设的答案埋藏在问题中，对方在回答时思路会受到一定的限制，不得不从我们给定的框架中进行选择并做出回答。比如：“你觉得这种做法对不对？”此时对方只能回答“对”或者“不对”，不能有模棱两可的态度。再如：“你在上海生活过几年？”对方只能回答与年数有关的内容，而不能脱离这个信息点天马行空地思考。

至于开放式提问则完全不同，这种问题没有严格的限定，能够留给对方很大的发挥余地，可以促使对方进行自由的思考。同时，对方给出的答案也不会只是简单的几个词语，而会是更加具体、详细的解释和说明。

对比这两种提问，我们不难看出，开放式提问更适用于共情沟通。因为在提问时，我们没有进行过多的预判，也不会在问题中加入自己的偏见，对方在回答这样的问题时不会有太多心理压力。而且对方还会认为沟通的控制权始终在自己手中，他们会乐于回答提问，还会自由地展开思路，表达更多的想法。

在下面这个案例中，一名记者就用开放式提问打开了采访对象的心扉。

36 岁的姜深是某晚报娱乐版的记者，因为善于挖掘深度新闻，得到了领导、同事的一致认可。大家都想知道姜深是如何让那些采访对象吐露心声的，可他却总是谦虚地回答：“我只是在设计提问时下了些功夫。”

有一次，姜深到某剧组采访一位知名男演员，在前往剧组之前，他已经做了大量的功课，了解到那位演员是一个非常善良的人，曾经用自己的片酬做了不少好事。于是他在沟通中便提了这样一个问题："很多人都因为您高超的演技而崇拜您，我却认为您的善心更值得称赞。我听说您捐建的第 20 所希望小学已经竣工了，请问，是什么力量支持着您去完成这样的壮举呢？"

那位演员经常面对各种采访，早已见多不怪，在回答提问时也都是说着一些事先准备好的答案，内心毫无触动。可在这次采访中，他却显得格外热情、健谈，特别是在他听到姜深提出的这个问题时，觉得非常惊喜，脸上还露出了真诚的、开心的笑容。

他笑着回答道："非常感谢你对我的认可。我小时候家庭困难，要是没有好心人的帮助，就没有办法读书。现在我也算是事业有成，便想用自己的力量多帮助一些孩子实现求学梦想。每当我看到孩子们坐在明亮的教室里认真听讲、学习的画面时，我都会觉得特别满足，特别自豪，这种感觉甚至比拿到影帝奖项还要让我高兴。这就是我最大的动力，我会一直这么做下去，争取再多捐建几所希望小学……"

这位记者可谓掌握了共情沟通的真谛，他没有像别人所做的那样，问一些千篇一律的与演技有关的问题，而是代入演员的角度去思考，找到了他真正看重的东西。之后记者以此为突破口，询问了一个非常巧妙的开放式问题，让演员在惊喜之余，也产生了很多感触，愿意和记者分享自己内心的感受，还主动说出了自己小时候家境贫寒等不为人知的信息，使得这次采访达到了非常理想的效果。

我们不妨学习一下这样的提问技巧，让一个问题为我们带来事半功倍的沟通效果。而这需要我们在事前多做调查研究，多了解一些沟通对象的具体情况，这样在提问时会更加有的放矢。另外，为了让对方充分地感受到我们的友好态度，在提问时我们要注意减少攻击性的表达，并且不能把自己的倾向掺入问句中。当对方表达自己的态度之后，我们不能马上对其进行否定性的评价，否则容易触怒对方，也会影响之后的沟通效果。

下面，让我们一起来学一学开放式提问的句式。一般开放式提问会包括“为什么”“怎么”“如何”“什么”“哪些”这样的词语，我们需要根据提问的需求选取合适的词语：

1. 用“为什么”来提问

如果我们想要向对方询问某一事件的原因，就可以用“为什么”来提问，如：“你为什么会有这样的想法呢？”“你为什么会拒绝他的提议呢？”对于这样的问题，对方需要积极思考后，在回答中给出相应的解释。

2. 用“怎么”“如何”“什么”来提问

如果我们想要了解某一事件发生、发展的具体情况，就可以用“怎么”“如何”“什么”来提问，如：“你是怎么解决这个问题的？”“你遇上了什么麻烦？”“你对新出台的规定有什么看法？”“你交朋友的标准是什么？”

对于这些问题，对方需要在回答中做出具体的描述，让我们可以获得更加丰富的信息。心理学家伊尔斯·桑德就推荐我们在谈话伊始使用这类问题，比如在我们的家人、朋友因为一些糟糕的经历坐立不安、情绪很不稳定时，我们就可以这样提问：“我注意到你最近情绪低落、面露忧色，我正考虑有没有什么办法能帮到你？”这样的问题常常能够开启一段深入的沟通，也能让我们用共情的办法来帮助对方调节心理、缓解压力。

3. 用“能不能”“愿不愿意”来提问

我们还可以用“能不能”“愿不愿意”等词语来提问，这可以引导对方进行自我分析，我们也可借此了解对方的看法和意见。如：“能不能告诉我你对这件事情的想法？”“你愿不愿意谈谈自己的观点？”这些问题常常能够促使对方敞开心扉、畅所欲言，与我们分享自己真实的观点和意见。

上述这些开放式提问能够让对方在思考时感觉更加自由，有助于激发对方的沟通热情，但也因为对方在回答时不受限制，所以很容易出现“跑题”的情况——对方可能会漫无目的地说上很久，就会造成时间的浪费。而且我们从对方的话语中获得的信息量过多、过于零散，在分析、整理时也会更加困难，所以在进行开放式提问时，我们应当注意正确地引导对方的思路，使对方的注意力能够始终集中在沟通的主题上，这样我们获得的信息也会更加集中和准确。

需要提醒的是，虽然我们要尽量地采用开放式提问，但这并不意味着要完全避免封闭式提问。沟通高手一般会巧妙搭配两种提问，不会长时间使用同一种提问类型。

比如他们会先用开放式问题打开对方的谈兴，让对方尽情地说出自己的想法、感受和顾虑；如果发现对方有“跑题”的迹象，就会用封闭式问题强调一下谈话的重点；之后再用开放式提问巧妙共情，营造良好的谈话氛围，使沟通逐步深入。这一套提问组合拳看似简单、自然，却体现了高超的沟通技巧，很值得我们学习和借鉴。

描述对方的内心感受，表达真正的尊重

我们都知道在沟通中应当充分尊重对方，才能获得对方的接纳和认可，也才能够让沟通顺利进行。

那么，怎样做才是真正的尊重呢？心理学家告诉我们，尊重他人，就要学会从他人的视角去看待他们经历的一切，再用自己的语言描述他们的内心感受，这样才能让他们获得完全的接纳感，并会因此感到安全、温暖和舒适。

在下面这个案例中，一位母亲通过描述内心感受，很好地安抚了处于负面情绪中的女儿。

田丽的女儿在外地上大学，由于她对音乐非常感兴趣，所以选修了一门音乐课。田丽对女儿的决定非常支持，经常关心询问女儿的学习情况。然而有一天，女儿却哭着给她打电话："妈妈，我再也不想去上音乐课了！"

田丽非常惊讶，忙询问女儿遇到了什么困难。女儿抱怨说老师过于严厉，总是用专业标准要求他们这些非专业的学生，让女儿觉得非常吃力。这天上课女儿表现得不太好，还被老师当众挖苦了一番，让她有一种无地自容的感觉，再也不想走进那间让自己如此难堪的教室了。

田丽虽然不赞同女儿这种轻易退缩的态度，但她没有表现出任何不满，而是这样安慰女儿："乖宝贝，老师不应该当众挖苦你，妈妈能够感觉到你特别伤心、委屈、难过。妈妈也能理解你的不容易，因为你毕竟不是音乐专业的学生。虽然你已经很努力了，却还是达不到老师的要求，所以你很不开心，这样的感觉妈妈也能够理解。现在你这么伤心、难过，不如大声地哭一场，妈妈会在电话这头陪着你。”

听完田丽这一番话，女儿“哇”的一声哭了出来。田丽默默地陪伴着女儿，感受着她的痛苦，心里也觉得非常难过。

等到女儿的情绪逐渐平静下来后，田丽这样鼓励女儿道：“你是不是也很期待老师能够理解你？是不是想要得到老师的认可？妈妈觉得你应该和老师坦诚地交流一番，把你心中真实的感受讲给老师听，告诉老师你是多么喜欢音乐，平时也付出了很多努力。我想，老师在了解了事情真相后，一定会改变看法的。那么，你愿意去试一试吗？”

在田丽的开导下，女儿觉得心里好受多了，她决定接受妈妈的建议，去和老师进行沟通……

田丽在与女儿沟通的时候，就很注意准确地描述女儿的内心感受。她使用了“伤心”“委屈”“难过”等词语准确地“标注”了女儿的情绪，让女儿感受到了母亲对自己的尊重和关怀。

接下来，她又尝试描述这些情绪产生的原因——老师要求太高，女儿已经非常努力了，却还是达不到要求，所以“很不开心”，这样的描述不带一丝一毫的偏见，会让女儿有一种被说中心事的感觉，内心会觉得非常安慰。

随后，田丽又鼓励女儿及时排解负面情绪——让女儿用哭泣的办法发泄心中的委屈和不满，在这个时候，田丽没有再出言抚慰，而是担当了陪伴者的角色，为女儿创设了一种安全和温暖的氛围，使女儿的情绪逐渐平静下来。

我们从这个案例中学到一些共情沟通的技巧：

1. 先了解对方的真实感受

心理学家丹尼尔·韦格纳曾经将共情的过程比作登山，这意味着我们需要付出很大努力，才能一步一步走入对方的内心世界。

在此过程中，我们应当认真观察对方的表情、动作、姿态，专注聆听对方的话语，感受对方的语气、语调，才能把握对方的真实感受。

当然，想要做到这些，必须经过大量的练习。心理学家建议我们可以准备一个笔记本，先从观察和记录身边熟悉的人做起，不断提升自己把握他人感受的能力。比如我们可以认真揣摩父母、爱人、孩子、朋友的感受，并在笔记本上进行记录，然后向对方求证。最初结果可能不够准确，但随着练习次数的增多，我们的共情能力就会逐渐提升。

2. 准确描述对方的内心感受

在与对方沟通时，我们可以尝试用情绪词定义对方的感受，如伤心、失望、无助、委屈、自责、内疚、气愤、尴尬等，并可以进行简单的描述，将对方此刻的心理状态呈现出来。比如："你付出了那么多努力，却没能当选，也难怪你会这么失望和气愤。""你为这个家做了这么多，却没能得到家人的理解，所以你很委屈和伤心，对吗？"

对方的情绪被说中后，就会有一种如释重负的感觉。他会觉得自己并不是孤立无援的，因为有人完全能够理解他的感受。在这种情况下，他的负面情绪会逐渐消失，共情的疗愈作用也能够得到较好的体现。

适时制造停顿，减少对方的心理压力

在书画创作中，有一种常见的手法叫“留白”，指的是在完整的作品中故意留下相应的空白，给人以想象的空间。而在与他人沟通的时候，我们也可以用停顿巧妙制造“留白”，给对方留下吸收信息、参与思考的时间。

不仅如此，心理学家还发现停顿能够影响沟通对象的情感和心理。比如在对方感觉情绪紧张、压力较大的时候，我们适时的停顿能够给对方一个舒缓压力的机会。另外，当我们在沟通中传递了丰富的情绪后，也可以稍作停顿，给对方留下体验和消化的机会，有助于引起对方的情感共鸣。

美国加州大学的心理学教授古德曼还提出了一个著名的观点：“没有沉默就没有沟通。”这个观点也被称为“古德曼定理”，它提醒我们在沟通中要学会适时停顿并保持沉默，同时认真倾听对方的话语，这样既可以让对方有一种受到了尊重的感觉，又可以为我们赢得思考和理解对方的时间，有助于沟通更加顺畅地进行。

下面我们用一个案例来体会停顿在沟通中的重要作用。

编剧李红最近每天都在家进行创作。这天晚上，她出门倒垃圾时，不小心把门锁上了。她身上没带钥匙，只好向邻居借了手机，请来了一位开锁师傅。

师傅的技术非常高超，只用了几分钟就打开了门，可他报出的价格却比市场价高出 50 元，这让李红无法接受。两人围绕着价格问题展开了一番激烈的谈判，却一直没能达成共识。

时间一点点过去，李红的心情有点烦躁，但她努力控制着自己的情绪，试图给师傅讲道理，请他按照市场标准收费。可是她越说师傅就越生气，脸色越来越难看，还摔打起了自己的工具……

看到师傅的这种表现，李红意识到自己不应该再喋喋不休。她叹了口气，止住话头，没想到这突然的静默倒让那位师傅吃了一惊，他站在原地想了想，用无奈的语气说："算了算了，不跟你争了，你多给我20元就行。"

李红一时反应不过来，没有及时回应师傅，两人之间的沟通又一次出现了停顿。这次还是师傅率先打破了沉默，他不好意思地说："现在都8点了，其实可以算加班时间，你看……"

听了师傅的话，李红也意识到自己或许有些苛刻，她觉得有些内疚，便接受了师傅的让步。

在这次沟通中，李红最初只顾自己不停地说，让谈话氛围变得非常压抑，也给对方造成了较大的心理压力。幸好她及时感受到了师傅的情绪变化，也觉察到自己应该停顿，而这个小小的举动让沟通出现了转机。

在短暂的停顿中，那位师傅获得了整理思路和情绪的机会，他也意识到了自己的行为不妥，给客户造成了困扰，所以主动做出了让步。李红考虑到了师傅的难处，双方互相理解，达成了情感的共鸣，问题迎刃而解。

在日常沟通中，我们也可以适时引入停顿，达到"此时无声胜有声"的效果。那么，如果我们想要像李红这样成功地使用"停顿策略"，需要注意哪些原则呢？

1. 把握停顿的时机

在沟通中，我们应当根据自己所说的内容以及对方的情绪变化，合理安排停顿时机和频率。

比如我们想要告诉对方一个重要的信息，而对方此时却有点注意力不集中，我们就可以略作停顿，这样不但能够吸引对方的注意，还能够唤起对方的好奇心、期待感。

再如我们谈到了一个沉重的话题，给对方造成了较强的心理压力，对方脸上也出现了窘迫、紧张的表情，此时我们就可以适当停顿，让对方能够调整一下自己的心情。

此外，如果我们与对方发生了争论，对方情绪开始急躁、愤怒的时候，我们也可以主动停顿，避免进入情绪化聊天的状态。

2. 控制停顿的时长

停顿的时长需要我们根据当时所处的情境进行调节，不宜过长也不宜过短。因为停顿的时间过短，对方根本来不及反应，停顿就起不到应有的作用；但如果停顿的时间过长，就会出现“相顾无言”的状态，让双方都觉得十分尴尬，也不知道该如何继续谈话。所以我们应当经常进行这方面的练习，让停顿变得自然、恰到好处，才能发挥最好的效果。

3. 用表情、动作配合停顿

停顿只是语言沟通的暂时中止，不代表非语言沟通也要戛然而止。所以在停顿的同时，我们可以采用一些表情、动作、姿态来表达自己的意愿，强化自己的情感。比如我们可以用眼神向对方表露自己的情绪，还可以用面部表情加强感染力，也可以做一些动作，或变换姿势，使对方能够在停顿的间隙揣摩出我们心中的潜台词。

总体来说，在沟通中，我们可以灵活地运用停顿策略，让沟通节奏更加合理，使双方之间的情感交流更加顺畅。

使用“安全语言”，不让沟通卡在表述上

同样的一句话，由于采用的说法不同，有时能够让人心悦诚服，有时却会让人产生反感，甚至还会引起争端。所以我们在说话时一定要考虑对方的感受，多采用一些不会让对方产生厌恶、抗拒心理的“安全语言”，这样对方才能够无障碍地理解我们的意图，沟通才能达到事半功倍的效果。

下面的案例可以帮我们更好地了解“安全语言”的作用。

李晶是一名年轻的记者。某次她和采访对象陈教授约好第二天上午9点见面，可是那天早上临出门的时候，李晶却突然接到了总编的通知，要求她立即到报社去一趟。李晶只好又给陈教授打了个电话，告诉他自己可能会晚一点儿到，还向他表示了诚挚的歉意。

在电话中，陈教授表达了自己的不满，说自己是专门腾出时间接受访问的，为此还要耽误正常的工作，可是李晶却随意更改行程，给他增添了不少麻烦。

李晶也觉得很不好意思，她再三保证自己会在一个小时内赶到约定地点，请陈教授务必耐心等候。陈教授虽然勉强表示同意，但李晶知道他已经对自己产生了不好的印象，觉得自己不够重视他，而这肯定会影响采访的效果。

那么，该如何扭转陈教授的看法呢？李晶一边赶路一边思索，终于想到了一个很好的说法。在见到陈教授时，她没有再徒劳地向对方说“对不起”，而是面带微笑，真心实意地说：“陈教授，非常感谢您在这里等了我这么久，

您已经做好准备了吧？那我们现在先来谈谈您对这个问题的看法吧……”

刚看到李晶的时候，陈教授确实准备了一堆数落她的话语，只等她向自己道歉后，就可以痛快地发泄不满。可他没想到李晶会落落大方地向自己表示感谢，在这种情况下，陈教授也不好意思再揪着问题不放，他不由自主地接受了李晶的引导，开始回答她提出的一个又一个问题……

李晶在沟通之前，就对对方的心理做了充分的分析，她认为空洞的、重复的道歉不但无法让对方获得“心理补偿”，还有可能让对方更加不满。所以她权衡再三，采用了“安全语言”——用感谢来代替道歉，使对方在意外之余，也不好意思在细枝末节上纠缠不休。

李晶的做法之所以能够取得奇效，也是因为她善于共情，事先考虑到了对方的心理变化，才找到了合适的“安全语言”，没有让沟通卡在不适当的表述上。

这个案例也提醒我们，在沟通中应当像李晶这样，学会与对方共情，再将一些不适宜的说法换成对方更易接受的话语。

那么，在沟通中有哪些话语需要换成“安全语言”来表达呢？

1. 带有命令性、强迫感的话语

如果我们希望说服他人，或是要求他们为我们做一些事情，就应当避免使用带有强迫感的语言，比如：“你应该……”“你必须……”这类带有命令口吻的话语会让对方感觉非常强势，让对方难以接受，所以我们有必要换一种说法，用更加缓和的话语来代替。

沟通高手常常会这样说：“我建议你这样做……”“我觉得可以这样做，你看行吗？”像这样带有商量性质的话语就不会让对方觉得生硬，对方一般不会特别抗拒。

2. 带有强烈批判性质的话语

态度直白地批判对方，不但会让对方感觉非常窘迫，还有可能引起对方的抵触心理，也会影响沟通的顺利进行。因此我们不宜直接否定对方，而是应当巧妙地“包装”一下自己的说法，让对方更容易接受被否定的事实。

比如一个沟通高手遇到了一个态度傲慢的对象，他想要指出对方的问题，一开始本来想说："我希望你以后不要表现得这么盛气凌人！"可是这句话带有明显的批判性质，很有可能会激起对方的防卫心理，也会让之后的沟通走入僵局。

考虑到这一点，沟通高手将自己的意见换了一个说法，他这样说道："我觉得你很有自信，但是在目前的环境中，似乎有点过了头……"这样的说法带有"欲抑先扬"的技巧，将批评的意味包裹在了赞美中，对方会不知不觉地听进心里，还不会被轻易激怒。

3. 带有"隐性指责"的话语

有时我们并不想批评、贬低对方，但话语一出口，对方却有一种受到了指责的感觉，这样的表达方式也应当尽可能避免。

比如一位上司想要询问一名下属的工作进度，就很自然地问道："那个报告你还没做完吗？"其实上司只是随口一问，并未多想，可是下属却注意到了那个"还"字，感觉上司是在指责自己效率太低、进度太慢，所以下属会觉得不太高兴。因此上司最好改变一下表达方式，比如这样询问："你的报告做完了吗？"这样话语就会显得轻松许多，下属在回应时也就不会有太大的心理压力了。

在生活中，类似这种在不经意间指责、贬低对方的提问比比皆是，比如："你成绩这么差的原因是什么？""家里这么乱，你就不能收拾一下吗？""你怎么能把事情搞成这样？"这些问题听上去咄咄逼人、语气十分生硬，不但无法引发对方沟通的兴趣，还有可能惹恼对方，酿成矛盾。

曾经有一名记者在采访一名运动员时，就提了一个很不合适的问题："听说你从事运动已经十多年了，也参加了不少世界性的运动会，可是却没有拿到一块金牌，你是否会觉得自己愧对祖国的培养和人民的期望？"这样的带有明显贬低性的问题只会引起对方羞愧、愤怒的情绪，而在这些负面情绪的影响下，沟通必然会陷入僵局。所以我们在开口前一定要揣摩一下说出的话会带给对方什么样的感受，才能避免说出带有"隐性指责"的话语。

4. 表示强烈拒绝意愿的话语

在与他人沟通时，我们难免会遇到需要拒绝对方要求的情况，这时也要注意自己的说法，不要用一句冷冰冰的“不”来拒绝对方，那很有可能会伤害对方的自尊心，还有可能影响人际关系的和谐。

事实上，拒绝对方的方法有很多，比如沟通高手有时就使用更加委婉的语言——先提出自己的困难，让对方能够设身处地地感受到自己的难处，也就不好再继续提出要求了。这样不但能够达到拒绝的目的，还不会让对方产生气愤、羞耻等负面情绪。

当然，在沟通中需要变换说法的情况还有很多种，沟通高手对此都能够熟练应用。

比如为了避免造成恐慌，沟通高手不会当众说“不好了”“出大事了”等让人一听就觉得紧张、害怕的话语，而是会用“好像出了点状况”之类的说法来代替，这样既能缓解紧张氛围，又能给听话人留下遇事从容镇定的好印象。

再如上级交办任务的时候，沟通高手从来不会吞吞吐吐地说：“这件事……我可能做不了……”而是会用“我立刻去办，有问题我们再沟通”这样的说法来表现自己的能力和行动力。

凡此种种都值得我们在沟通中仿效和学习，如果我们能够掌握这种沟通艺术，无疑会让自己在沟通中掌握更多的主动权，也更容易赢得他人的好感。

插入提示语，带动沟通的节奏

在与他人沟通的过程中，我们可以适时插入一些简短的提示语。这些话语不但不会打断对方的思路，还能达到引导对话、带动沟通节奏的目的。

对方在听到提示语后，会知道我们一直在仔细倾听，对他所说的话语也很感兴趣，他对表达会更有信心，会很自然地讲出更多信息，沟通也会进行得更顺畅。

日本的顶级沟通培训师吉田幸弘讲过这样一个亲身经历的案例。

吉田幸弘曾经在一家旅游代理公司工作，因为业绩出色，被提升为课长。那时他还非常年轻，生怕下属会对自己缺少敬意，便采用严厉的态度为自己营造“威严感”。若是下属在工作中出现了纰漏，找他来汇报坏消息，他就会毫不留情地训斥道：“你是怎么做事的，为什么会搞成这样？”可他越是严厉，下属的怨气就越大，工作中出现的问题也越来越多。

吉田幸弘为此十分烦恼，直到他看到另一个部门的课长是如何对待下属的，才有所醒悟。那位课长在沟通中总是表现得淡定、和蔼，哪怕下属来汇报非常糟糕的消息，他也不会表现出怒气，而是会认真倾听，并会不时地引导话语：“原来如此，接下来呢？”“谢谢你的汇报，能详细说说吗？”

吉田幸弘好奇地询问那位课长：“你对做错事的下属这么宽容，难道不是在纵容他们吗？”

课长微笑道：“我们也是从新人过来的，还记得那时向上司汇报时，心中是多么忐忑不安啊。现在再看到这些下属，我其实能够理解他们的心情，他们也已经预想到自己会被训斥，反复思量过该怎么汇报才最合适。一想到他们那种痛苦、恐惧和焦虑的心情，我就觉得有必要对他们宽容一些。”

课长的话让吉田幸弘非常惭愧，他想到自己之前也有过不成熟的时候，上司的严厉责备只会让自己更加难堪，那时他甚至还想过隐瞒关键问题，好逃避上司的惩罚……从那以后，他学会代入下属的角度重新思考沟通问题，慢慢地改变了自己的领导风格，成为一个善于在沟通中启发和引导下属的好上司。

在这个案例中，吉田幸弘就通过与下属共情，认识到了自己的错误，知道自己不应当随意大发雷霆，而是应当用恰当的提示语一点点问清事实，探明下属的真实想法，最后再加以指点，使下属能够不断改善行为。

案例中出现的提示语有“原来如此，接下来呢”和“能详细说说吗”，如果我们要与缺乏勇气的对象沟通，就可以用这样的提示语鼓励他们展开说明。

除此以外，想要在沟通中提示、引导对方，我们还可以使用以下这些提示语：

1.“很有趣”“真有意思”“真不错”“太对了”

这类提示语能够表示赞同的态度，会让对方觉得自己受到了肯定，因而更愿意畅所欲言。

2.“可以理解”“太遗憾了”“确实很难 / 很麻烦 / 很不容易”

这类提示语能够表示同情、支持的态度，会让对方有一种被理解、被安慰的感觉，情绪也会有所好转。

3.“能不能再说一遍”“这部分我不太明白”“能否举个例子”

这类提示语可以在对方说话不得要领时使用，能够促使对方重述自己讲过的全部或一部分内容，这样既能减少误解，又能向对方表示我们渴望了解更多的态度，对方也会很高兴为我们进行进一步的解说。

4.“换成 ×× 的角度，你会怎么看待这件事”

这类提示语可以用于对方观点明显不合理的时候。为了避免让对方觉得没面子，我们不必直接指出其谬误，而是可以提示、引导他站在别人的立场重新思考，使他能够自行认识到自己想法的不妥之处。

需要提醒的是，有些说法并不适合作为提示语使用。比如“是吗”“不对吧”“胡说”“怎么可能”等，这类说法相当于给对方泼了一盆冷水，会让对方的沟通积极性大打折扣；再如“你到底在说什么”“真是莫名其妙”等，也会让对方感觉自己是在白费力气，很容易导致沟通戛然而止，双方也会不欢而散，所以一定要注意避免。

说话时少用“我”，多用“我们”

在沟通中，你更习惯说“我如何如何”还是“我们如何如何”呢？这样的问题可能很少有人会去认真思考，但一字之差，却会让沟通对象产生迥然不同的感觉。

总是把“我”挂在嘴边的人，会给人一种自我意识过于强烈的感觉，也会在无形中拉开自己与他人的距离，容易造成沟通障碍。相反，若是用“我们”来代替“我”，就能够在彼此之间制造“共同意识”，有助于减少情感隔膜。

在下面这个案例中，“我”和“我们”就在沟通中产生了不同的效果。

某公司的财务部门准备进行内部竞聘，从优秀员工中提拔一名财务主管。经过一番筛选和角逐后，有两名员工周强和沈康条件最为优秀，平时表现也格外突出，因而顺利进入了最后的竞聘演讲环节。

周强对于演讲充满了信心，因为他平时就能说会道，谈起业务问题也是有条有理，让同事们十分信服。在他看来，自己只要像平时那样表现，就可以轻松获得同事们的选票。

在正式演讲那天，周强发挥出了自己的全部实力，赢得了台下阵阵掌声。与周强相比，沈康的演讲听上去就要平常多了，周强心想，主管的位置肯定非自己莫属了。

然而，当天下午宣布的结果却让周强大跌眼镜——老实憨厚的沈康竟然获得了大多数选票。周强很不服气，他带着强烈的不满情绪走进了领导的办公室，质疑道："我认为这样的结果不够公平！明明我的演讲水平更高，为什么大家不把选票投给我呢？这到底出了什么问题？"

领导看着周强，语重心长地说："你的演讲确实非常精彩，相信你之前也做了不少准备，演讲稿文采飞扬，感情也很充沛，可是我注意到你一直在说'我会带领大家''我一定能够'这样的话语。我帮你数了数，短短的3分钟里，你至少说过30次'我'，却没有出现一次'我们'。可是沈康却和你不一样，他总是用真诚的语气说'让我们共同努力''我们一起为部门创造业绩'……我想，你现在应该明白自己落选的原因是什么了吧。"

领导的话让周强陷入了沉思，他这才发现，原来平时从没有注意过的语言细节，却会让自己付出这么大的代价……

周强在说话时总是强调"我"，说明他在潜意识中将自己的感受、自己的需求始终放在第一位，对别人的感受和需求就没有那么重视，像这样去沟通，自然无法引发别人的共鸣。特别是在一个团队中，不停地提"我"更是会显得不合时宜，会给团队其他成员留下"热衷于自我表现，缺乏集体意识和合作精神"的坏印象。

与周强相比，老实的沈康也许并不擅长说一些煽情的话语，但因为他总是不知不觉地提到"我们"，就会让同事们感到格外亲切，他们会认为沈康"更加重视集体的概念，无论说话还是办事都会先从他人和团队的角度出发去考虑问题"，这也是他们更加拥护沈康的根本原因。

由此可见，在沟通中我们一定不能忽视"我"和"我们"之间的区别，平时要尽量多用"我们"来做主语。这虽然只是一个很小的细节，有时却能够产生意想不到的效果：

1. 多用"我们"，更容易让对方产生参与意识

在沟通中用"我们"来代替"我"，能够创造出一种参与氛围，会让对方在不知不觉中产生参与意识，更容易接纳我们提出的看法和要求。

比如有经验的记者在采访时往往会说："请问我们这个部门……""请问我们这部电影……"这样的表达方式能够拉近双方的距离，还能活跃沟通气氛。

同样，如果我们想要与他人建立友好合作的关系，也可以采用这样的办法——在沟通中多强调“我们”，让对方被拉进“利益共同体”中，就会更加愿意为“我们”共同的目标努力奋斗。

可要是我们对着合作对象大谈“我怎样怎样”，就会给对方留下不好的印象，双方之间合作的基础也会变得更加薄弱，因此我们一定要学会用“我们”来代替“我”，才能向对方传递出更多善意，也才能够建立起更加紧密的人际联系。

2. 多用“我们”，更容易获得团队的接纳

在团队内部进行沟通，更应当多用“我们”。因为在一个团队中，具有集体意识、团队精神的成员才会更受其他成员的欢迎，更能融入整个团队中，推动团队的运作和发展。

我们可以试想一下，在团队中如果突然出现了一个不停地强调“我”的功绩、诉说“我”的辛劳的成员，必然会引起其他人的反感和排斥。哪怕此人确实有真才实学，也会因为总是将自己凌驾于团队之上，而成为大家敬而远之的“独狼”，即使他表现得再出色，也很难得到其他成员的信服。所以想要获得团队的接纳，真正成为团队的一分子，就要改变这种不良沟通习惯，要学会与其他成员共情。

3. 多用“我们”，可以让自己的话语更有力量感和权威性

如果我们遇到了态度强硬的沟通对象，也可以尝试用“我们”来化解沟通难题。

因为用“我们”来做主语，就可以将个人的意见替换为团队或集体的一致意见，听上去更有力量感、权威性，也能让对方感受到一定的心理压力。

比如在遇到棘手的问题却不方便作答时，就可以采用“我们会考虑你的意见”“我们过几天会答复你”之类的说法，这会比用“我”回答更具有说服力，也更能让对方信服。

第四章

使用身体语言，让共情式沟通更加有效

眼神交流，传递丰富的情感信息

眼睛被称为“心灵的窗户”，能够完整、丰富地展现个体的精神状态和内心活动。所以想要实现共情沟通，我们一定不能忽视眼神的交流。

根据心理学家的研究，3~6 个月大的婴儿就已经对他人的眼神比较敏感。当养育者移开目光，不再注视婴儿的面孔时，他们微笑的频率会随之降低。英国《认知神经科学杂志》也展示过相关研究数据，证实养育者的眼神接触能够提升婴儿对他人面部的识别能力。随着婴儿逐渐成长，他们会自然地发现眼神接触的社交作用，并能够逐渐提升用眼神沟通的能力。

对于成年人来说，在四目交接时，我们能够直接观察到对方的面部表情，可以大致判断出对方此时的情绪状态；另外，我们还能从对方眼神中解读出一些隐秘的情感，能够更好地把握对方的态度、感受，有助于与对方建立更加紧密的联系。

韩国的一家电视台就曾经以“眼神交流”为主题推出过一档综艺节目。

在这个节目中，两位嘉宾在见面后不会直接进行言语沟通，而是要用 5 分钟时间做眼神交流。在这 5 分钟内，观众看到的是没有对白的画面，也听不到任何的音乐、话语，可观众却被这种专注对视的氛围深深打动，愿意一直看到最后。

节目组曾经邀请来了两位私下关系不和的嘉宾，大家本以为他们在交流中会遇到障碍，但他们的表现却出人意料：最初，他们都觉得不太好意思直视对方的眼睛，好不容易发生了眼神接触，两人都不由自主地笑了起来。之后他们的眼神变得越来越专注、认真，表情也在发生着微妙的变化……几分钟后，其中一位嘉宾竟然开始流泪，这样的画面让很多观众都深受感动，虽然观众并不知道嘉宾之间到底有过什么恩怨，却从他们的眼神中切切实实地体会到了那种情感的互动。

这就是眼神交流的魅力所在，无须多余的言语，却能让情感自然流动，并能让他人产生强烈的情感共鸣。

那么，在沟通中，我们应当如何更好地进行眼神交流呢?

1. 克服对视障碍

对视障碍也叫“对视恐惧症”，指的是在沟通中不敢与人发生目光接触，眼神四处飘移，就是不愿去看对方的眼睛。这种对视障碍不但会影响沟通的效果，还会给对方留下“不诚恳”“不大方”之类的坏印象，所以我们一定要注意克服。

在这方面，心理学家提供了一些自我缓解方法，比如可以尝试深呼吸，将注意力集中到自己的呼吸节律上，有助于缓解精神紧张；再如可以采用“系统脱敏法”，先尝试和家人、朋友、同事进行眼神交流，让自己慢慢适应对视情境，直到能够和陌生人进行短时间的眼神接触。

2. 掌握眼神交流技巧

跨越了心理关后，我们还需要掌握一些技巧，才能在沟通中运用自如。

（1）注意眼神沟通的时间。

虽然我们应当注意与沟通对象保持眼神交流，但目光凝注于对方身上的时间不能过长，否则会让对方感觉很不自在。因此，我们可以每隔 7~10 秒，有意识地移开目光，中断一下眼神的交流，之后再重新开始眼神的接触。

另外，如果在沟通中注意到对方有不自然的表现，如对方突然低头或转头，不愿意面对我们，可能表示我们的眼神让对方产生了不舒服的感觉，这时我们也应该暂停眼神交流，可以先将目光移向别处，待对方感觉好转后再重新开始眼神的交流。

（2）注意目光注视的角度。

为了不让对方产生误解，我们还要注意把握注视角度。比如我们在与他人沟通时，要避免目光向下注视对方，更不能够斜视对方，因为那会让对方感觉受到了轻视，谈话也很难在正常的氛围下进行下去。再如我们不能随意快速地移动目光，使得眼神看起来飘忽不定，就会给对方留下不诚恳、不老实的坏印象。

事实上，在沟通过程中，我们可以采用平视或仰视的角度与对方进行眼神的交流。平视时视线呈水平状态，比较适用于一般的工作和交际场合，当我们与身份、地位相当的对象沟通时就可以使用；而仰视时向上注视对方，更适用于与那些年长或身份、地位高于我们的对象沟通。

（3）注意目光注视的部位。

在用眼神沟通时，我们还要注意目光注视的部位。比如目光可以落在对方的双眼部位，与对方直接进行眼神交流，这会给对方留下认真、真诚的好印象；另外，目光还可以落在对方的额头部位，表示一种严肃、公事公办的态度，比较适用于正规的公务交流。

需要提醒的是，目光不能落在对方的头顶，否则会让对方觉得我们“目中无人”。此外，在与异性沟通时，目光不宜长时间停留在对方的身体敏感部位，以免让对方反感。

微笑的面部表情，消除对方的戒备心理

美国心理学家艾伯特·梅拉比安曾经总结过一条“情感表达公式”：情感表达 = 语言（7%）+ 声音（38%）+ 表情（55%）。

这条公式告诉我们，表情在沟通中的重要性远远超过语言和声音，而真诚的微笑被称为“人类最美好的表情之一”，它能够传递友善的信息，消除对方的紧张感和戒备心理，有助于改善沟通的效果，还能让一些尴尬和矛盾得到化解。

在下面的案例中，一位空姐发现了微笑在沟通中的奇妙作用。

一架飞机即将起飞，一名男乘客感觉不太舒服，请空姐给自己倒一杯清水。然而，空姐正处于最为忙碌的状态，竟忘记了乘客的请求。

飞机起飞后十几分钟，乘客还没有等到这杯水，他觉得自己受到了怠慢，情绪有些愤怒。等空姐再次经过的时候，乘客叫住了她，不高兴地说：“你的服务态度太差了，我要投诉你！”

空姐吓了一跳，等她反应过来后，连忙向乘客鞠躬道歉，并立即送来了清水，可乘客却不依不饶，一个劲地要求她把留言本拿来，好让自己写投诉意见。

空姐非常理解乘客的心情，她没有和乘客争辩，而是积极地弥补过失——每次去客舱服务时，空姐都会特地走到这名乘客面前，面带真诚的微笑，问他是否需要自己的帮助。

次数多了，这名乘客的态度逐渐软化，不再像之前那么恼怒，在回答空姐的提问时，语气也和缓了不少……

几个小时后，飞机抵达目的地，等乘客全部离开后，空姐小心翼翼地打开了留言本，却惊讶地发现乘客并没有投诉自己，他在意见栏里写道："我对×号乘务员非常满意，她为我提供了热情周到的服务，使我感到十分温暖；她那美丽的微笑，更是深深地打动了我……"

这个案例中的空姐就是一个善于共情的人，她细心揣摩乘客的情绪，知道在乘客极度不满的时候，自己说再多表示歉意的话也于事无补。所以她放弃了这种无效沟通方式，改用行动表明诚意，让乘客知道自己想要弥补过失；同时她还努力向乘客展示最为真诚、动人的微笑，不知不觉地打动了乘客的心。

这个例子也告诉我们，微笑是实现共情的有力方式之一。曾经获得诺贝尔文学奖的诗人卡尔·施皮特勒有这样一句名言："微笑是具有多重意义的语言，是善良、友好和赞美的象征。它总是能快速地拉近陌生人之间的距离，当你不知道如何展开话题时，微笑是最好的开端。"所以，在沟通中我们不妨经常用微笑来传递信号、表达情感，它会直接碰触对方的心灵，激发深度共鸣。

那么，我们如何在沟通中恰到好处地运用微笑呢？

1. 沟通伊始，用微笑营造最好的第一印象

心理学上有一条"首因效应"，也叫"先入为主"效应，是说人际交往的第一印象非常重要，这种印象一旦形成，就难以改变，会对日后的交往产生持续性的影响。所以，在与他人初次打交道时，我们应当特别注意第一印象的营造，要通过微笑的表情、礼貌的言行提升自己在他人眼中的"印象分"，给他人留下亲切温和、容易接近的好印象。

很多沟通高手正是这样做的，他们会在初次见面时面带真诚的微笑，并用幽默的语气进行自我介绍，这能够向对方传达友善的态度，并可缩短彼此之间的情感距离，还能减少对方的紧张和羞怯心理，可以让沟通产生事半功倍的效果。

2. 在沟通过程中，用微笑增进情感交流

微笑的积极作用可以贯穿整个沟通过程。比如在沟通出现冷场的时候，一个轻松的微笑能够缓解尴尬氛围，还能鼓励对方继续之前的话题，使沟通进行得更加顺畅。

另外，在对方谈论一些得意的话题时，我们可以用微笑表示认可和赞赏的态度，让对方获得满足感和自豪感，同时也可以进一步激发对方沟通的积极性，使他不知不觉说出更多信息。

此外，当对方谈论自己遇到的难题、遭遇的挫折时，我们也可以给对方一个安慰性的微笑，让他的内心得到抚慰，沮丧、痛苦的情绪能够得到缓解。

3. 把握技巧，让微笑获得应有的效果

微笑看似简单，但想要应用得恰如其分却并不容易，这需要掌握一定的技巧。比如在微笑之前，我们应当先调动自己的情绪，想象一些让自己非常愉悦的事情，这样才能够展现出愉快且自然的微笑，而不会出现“皮笑肉不笑”的情况。

另外，在微笑的同时我们要注意控制好自己的眼神，要让眼神显得真诚、柔和、友善，并要适当与对方的目光有交流；切不可表现得躲躲闪闪、畏畏缩缩，那会让微笑的效果大打折扣。

此外，微笑的时机也有讲究。沟通高手一般会在与对方的目光直接接触的时候，适时地展现一个动人的微笑，这个微笑可以保持几秒的时间，不宜过长。

我们不妨在平时的交往中细心揣摩微笑的最佳效果，直到学会恰如其分地运用微笑，就能够很好地传递情感、沟通心灵，达到共情的目的。

温和沉稳的声音，提升你的共情能力

在共情沟通的过程中，我们不能忽视声音的重要性。

当一个声音响起时，人们会感受到它的音量大小、音调高低以及音色方面的特征。同样的一句话，用饱满圆润、悦耳动听的声音来讲述，效果就要比用尖锐刺耳或沙哑难听的声音好很多。

也正是因为这样，沟通高手会注意采用正确的发音方法，并会多多进行提升音质的练习，让自己的声音变得温和、沉稳、富有感染力，才更能够打动沟通对象的心。

下面这个案例中的主持人就用自己独特的声音打动了无数观众。

46 岁的白鸥是一位情感栏目的主持人，她的外貌并不抢眼，声音也不算是电视台主持人中最好听的，但很多观众却对她情有独钟。因为她的声音特别有感染力，每当她主持节目时，那温柔、沉稳的声音总是能够让观众浮躁的心情沉静下来；而当她娓娓讲述那些真实的情感案例时，观众也会情不自禁地凝神细听，并会被那些悲欢离合的故事深深打动。

有一次，白鸥在节目中朗读了一封母亲写给儿子的信。由于儿子在外地工作，一年到头很少回家，每次与母亲通电话，也只能交流寥寥数语。母亲十分想念儿子，又怕自己会打搅儿子，便将心里想说的话都写进了信中……

这位母亲文化程度不高，不懂得什么高明的写作手法，也不会使用优美的辞藻。她的信写得像流水账一样，看上去有些散碎、凌乱。但白鸥却用自己的声音读出了其中厚重的母爱，她发音特别标准，吐字也很清晰，而且声音婉转悠扬，富有磁性，为那些平实的话语注入了感人的柔性。

观众静静地倾听着她的朗读，不知不觉沉浸其中，为那位母亲的爱子之情感动不已，也都希望能为她做点什么。还有些观众想到自己的母亲此时可能也在远方盼望着，不由得泪湿眼眶……

这个案例让我们看到了声音的共情力量，女主持人用富有感染力的声音传递情感，使观众与信中的母亲共情，被母爱深深打动。

这也启发了我们，在日常沟通中，不妨多学习一些发声技巧，用声音来提升自己的共情力：

1. 练习准确的发音

发音准确清晰，是我们能够与他人顺畅沟通的基础，而这要求我们注意清楚地吐字，把每个字的声母、韵母、音调念准，进而把常用的汉字读准。

在发音时一定不能含含糊糊，不要发错音、读错字，也不能结结巴巴、吞吞吐吐，否则会让对方听不清、听不懂，会弄不明白我们要表达的意思，更谈不上被我们打动或说服了。

为此，我们平时可以进行发音的练习，如声音从高到低、从长到短发“啊”音，然后练习准确地说一些常用的词语。另外，我们还可以练习绕口令，这是一种很好的锻炼发音的方法。不过在练习这些绕口令的时候，我们不要单纯追求速度，而是尽量将每一个音都发准确。

2. 练习声音的共鸣

在我们发音的时候，声带能够产生的音量其实是很小的，绝大部分音量需要通过咽喉、口鼻、胸腔的共鸣放大而产生。如果我们能够正确地运用这些共鸣腔，就能让声音变得饱满、圆润、富有磁性。为此，我们在发音时要注意自然地放松和舒展胸部、咽喉，伸直脊柱，使声音能够不受阻碍地奔涌而出，再通过共鸣腔“加工”后就能变得更加优美动听。

在掌握共鸣技巧的同时，我们还应当注意控制说话的音量，千万不能扯着嗓子大声说话，以免刺激对方的听觉器官，让对方感到不适。我们要保持适度的音量，在交际场合音量以对方能够听见为好，如果用电话沟通音量还要再低一些。

此外，在沟通时我们不妨多问一句："现在您能听清楚我的声音吗？"之后我们可以根据对方的回答调整音量，这样既能让沟通进行得更加顺利，又能让对方感觉到我们的尊重和体贴，这对建立情感联结、实现共情沟通是很有帮助的。

3. 练习发音的气息

练声之前还要学会用气，因为气息能够决定我们发音的力度，气息不足，声音就会有气无力，听上去似乎很没有精神，也无法让对方受到感染。但要是气息使用过度，用力过猛，又可能损坏声带，使声音变得过于尖锐或嘶哑难听，因此我们一定要掌握使用气息的窍门。

为此，我们平时可以多做吸气、呼气的练习，比如可以采取站立的姿势，双手叉腰练习吸气、呼气，吸气的时候要深吸一口气，使小腹收缩，整个胸部要撑开，以尽量吸入气流。呼气则要慢慢进行，可以小口小口地吐气，同时感受自己腰腹部的变化，体会一下如何在气息最稳定、状态最轻松的情况下就能发出清晰好听的声音，然后以此为基础找到最适合自己的气息调节方法。

除此以外，想要让声音富有感染力，还要注意配合自己想要传达的情绪，让声音表现出高低、强弱、刚柔之类的各种变化，而不要总是用一成不变的声音来沟通，这会让对方听得昏昏欲睡。

总之，富有感染力的声音是可以通过训练来获得的。如果我们能够坚持不懈地进行练习，就会发现自己的声音变得越来越温和、沉稳了，这时想要与他人共情沟通，就会感觉更加容易。

恰当的语气语调，化解不必要的冲突

或许你还没有意识到，沟通时使用的语气、语调会影响对方的心理变化及思维逻辑。

比如使用怀疑的语气、末尾上扬的语调与他人交流，会传达出一种“我不太信任你”的潜台词，使得沟通双方产生嫌隙，彼此之间的距离也会越来越远。

再如用反问的语气沟通，会表达出一种强烈的否定意味和不满情绪，若是再配合曲折变化的语调，就更是会让对方有受到了讽刺、讥笑的感觉，对方会感到十分不快，沟通也常常无法顺利进行下去。

又如命令的语气、质问的语气、责备的语气，都会让同样一句话语“变味”，容易引发矛盾和冲突，所以想要做到共情沟通，就一定要注意语气、语调的问题。

下面这个案例中的主人公就因为不注意语气、语调问题，引发了人际矛盾。

何蒙在某公司担任部门经理，他业务能力很强，但平时却很不注意说话的语气、语调，经常在无意之中得罪人。

比如在给下属分派任务的时候，他经常使用严厉的、责备性质的语气，下属常会听到他说“××事情已再三延误，本周内再不完成，后果自负”之类的强硬话语，让他们心里觉得很不舒服。

虽然下属都能按照何蒙的指示去完成任务，可他们心中却并不服气，还时常在背后嘀咕，说何蒙“架子太大”“不尊重人”。

一天，何蒙收到了下属小唐发来的报告，他大致检查了一下，发现其中有两个明显的错字，其实他完全可以委婉地指出问题，再让小唐进行修改，可他却偏要当着众人的面，用不屑的语气、讽刺的语调质问小唐：“听说你还是中文系毕业的？怎么连个报告都写不好？你的心思真的用在工作上了吗？”

小唐是个性格内向的女孩，平时本就害羞、腼腆，这次被何蒙当众挖苦，只觉得羞愧到了极点，恨不得立刻消失。

何蒙却没有意识到小唐的情绪变化，他又不客气地训斥了小唐几句，之后便回到办公室做自己的事情。没想到当天下午，他就收到了小唐的辞职信，这更是让他火冒三丈，不停地发牢骚说：“现在的年轻员工心理承受力真是太差了，领导批评几句就拿辞职来威胁……”

可不管他说什么，小唐都不再理会。第二天，小唐没有再来公司，她负责的工作突然中断，何蒙还得临时安排员工接手，一连好几天，他都被这些事情弄得焦头烂额。

案例中的何蒙在沟通中不考虑别人的感受，肆意使用尖锐的语气、语调，让沟通对象有一种被冒犯甚至是被侮辱的感觉，也引发了不小的矛盾，还影响了人们对他的看法。

这样的事例也提醒了我们，在沟通中一定要注意把握好自己的语气、语调，要让话语听上去得体而恰当，能够引发对方良好的心理感受，沟通才能产生预期的效果。

那么，我们在运用语气、语调的时候要注意哪些原则呢？

1. 学会使用委婉的语气表达自己的态度

同样的意思用不同的语气来表达，会让沟通对象产生不同的心理感受，为了更好地让对方感知我们的态度并愿意接受我们的意见，我们应当学会使用比较委婉的语气，而不是强硬的语气、讽刺的语气。

比如办公室里有两位同事发生了矛盾，开始争吵，我们想要表达否定的态度，并劝止他们的争吵，就可以用委婉的语气对他们说："你们这样大声争吵，影响不太好吧。"这样的语气不但不会触怒对方，还能够引发对方的思考。

但如果我们采用了强硬的语气"别吵了！你们这样影响太坏了！"或是讥讽的语气"这点小事你们都能吵，真了不起！"则会让对方感到很不舒服，很有可能会惹恼对方，酿成新的矛盾。所以我们在开口表达前应当揣摩一下各种语气可能带给对方什么样的感受，然后尽量选择委婉好听的语气来表达自己的态度。

2. 学会恰当地使用语气词

常用的语气词有"的""了""吗""呢""吧""啊"等，它们可以被用于一句话的结尾处，能够加强我们说话的语气。我们可以恰当地选用语气词来表达自己的意见或要求，让对方更加愿意接受。

比如我们想请朋友帮个小忙，就可以在"帮我……"后面加上一个"吧"的语气词，这样一来就变成了"帮我……吧"，听上去商量的感觉会更强，也更容易让对方接受。再如我们想要表达一种十分确定的态度，也可以用语气词"的"来产生加强效果，比如"我不会忘记的"这句话就要比"我不会忘记"的语气更加强烈，也更能让对方信服。

3. 根据不同的场合、对象调整语气

我们还要考虑到不同的场合、不同的对象的语言交流特点，做到适时、适地而发，才能让语气听上去更加妥帖。比如在一些公开演讲、辩论赛、正式会议等严肃的场合，我们就应当采用严肃的语气，同时要避免态度轻浮的语气；而在一些非正式的私人、熟人谈话的场合，我们则要多使用温和的语气，以拉近彼此的距离，便于进行共情沟通。比如一位丈夫因为工作原因晚上回家很晚，妻子就不应该用责问的语气去沟通，比如："怎么这么晚回来？到底干什么去了？"听到这样的话语，丈夫会有一种正在接受审问的感觉，也会认为妻子对自己不够体谅。要是妻子注意改善自己的语气，这样对丈夫说："亲爱的，怎么这么晚才回来啊？一定饿坏了吧？我给你下碗面吃，好吗？"相信丈夫听到后，一定会觉得心里暖融融的，因为他能够从语气中感觉到妻子对自己的体谅和关心。

另外，在运用语气、语调时还要注意观察沟通对象的情绪和精神状态。如果对方正处于愤怒的状态，我们采用喜悦的语气、高升的语调反而会增强对方的不满，会让沟通无法正常进行；如果对方正处于兴奋的状态，我们采用生硬而严厉的语气、降抑的语调就无异于向对方泼了一盆冷水，会让对方感觉不快。所以，采用何种语气，我们应当谨慎考虑，才能达到真正的共情沟通。

减少“攻击性姿势”，降低共情的难度

在沟通中，有一些因素看似不起眼，也容易被我们忽视，却会在无形中增加共情的难度，像身体姿势就是其中之一。

有的人会在沟通时不知不觉地采用一些富有侵略性、攻击性的姿势，让对方产生较强的心理压力和不安全感，在这种情况下，无论自己的话语是多么感人，声音是多么动听，都很难产生共情的效果。

比如有的人在沟通时头部习惯高高地昂起，这样下颌就会正面迎向对方，给人的感觉是“轻慢无礼，不肯正眼看人”，这样的姿势就是一种很典型的攻击性姿势，会引发对方的防卫心理。如果对方本来就是一个自卑、敏感的人，对于这种姿势就会产生更强的抗拒心理。

还有人在沟通时习惯双手叉腰站立，这样的姿势能够让自己的身体占据更大的空间，可以让自己在心理上赢得更多的优势，可是在对方看来，这就像是一种准备发出攻击的信号。如果我们在生活中细心观察，会发现人们在争吵时常常会情不自禁做出这样的姿势，所以想要共情沟通的话，我们一定要避免这个姿势。

此外，在公共场合采用双腿过度张开的坐姿，也会让身边的人有一种空间被入侵的感觉，他们还会认为自己没有得到应有的尊重，所以我们要注意不让这些姿势出现在沟通过程中。

那么，我们在沟通中可以采用哪些姿势来提升自己的共情力呢？在这方面，我们可以参考心理学家提出的“SOLER 法则”，这条法则包括以下五条调整姿势的原则，它们能够让沟通氛围变得更加和谐，沟通双方之间的联系也会变得更加紧密：

1.S（squarely），直面对方

不管我们采用坐姿还是站姿与对方沟通，都要注意面向对方，让对方能够看清我们的面部表情、身体姿势，才能确保沟通顺利进行。

相反，若是我们刻意远离对方，或是表现得躲躲闪闪、畏畏缩缩，就会让对方有不被尊重、不被信任的感觉。

2.O（open），身体姿势开放

在沟通中采用开放式的身姿会起到事半功倍的效果。英国心理学家理查德·威斯曼就做过这方面的研究，他发现那些有魅力、富有情感感染力的人常会在沟通中采用这样的姿势：张开双臂，好像要拥抱对方似的；同时手掌向上或向前，这能够让对方有一种被认可、被接纳的感觉。

另外，威斯曼提醒我们要避免交叉双腿，也不要将双臂抱在胸前，因为这是防御性较强的姿势，会让对方认为我们有敌意。同时，我们的双手也应当尽量远离面部，要避免做一些抚摸脸庞、玩耍头发之类的小动作，才不会给对方留下不专心、不庄重的坏印象。

3.L（lean），倾向于对方

在沟通中我们的身体可以向对方所在的方向微微前倾，以拉近自己和对方之间的距离，这会让对方感觉我们对他所说的话语很感兴趣，能够激发他继续表达的欲望。

4.E（eye），做好眼神交流

沟通中不可故意避开眼神接触，也不要总是向下看，因为这会让自己显得缺乏自信，但过于强烈的眼神也会给对方造成心理压力；我们应当尽量用自信、真诚的眼神注视对方，特别是在讲到复杂或重要的观点时，更是要注意平视对方，以吸引对方的注意。

5.R（relaxed），放松身体

在沟通中我们还要注意让身体尽量放松，表现出一种自然、舒服的姿态，有助于创造安全、和谐的沟通氛围；要注意避免坐立不安，或是身体过于紧绷，因为这无疑会将紧张、焦虑的情绪传递给对方，对方会感到很不舒服，也会急于结束这次谈话，使我们的沟通无法获得应有的效果。

除了上述这五点外，我们还可以在沟通中通过不同的姿势来表达一些“未尽之意”。比如在与他人对话时，我们可以挺胸抬头、挺直躯干，用精神抖擞的站姿或坐姿来传达自己自信、乐观的态度，并使对方也能受到感染，愿意接受我们提出的意见或要求；再如我们在向上司或是一些年长的人请教问题时，可以采用微微弯腰、头部略下垂、背部略弓起的姿势，以表示我们对对方的尊重之情。这些细节常常能够在不经意间发挥奇妙的效果，让我们达到共情沟通的目的。

调整肢体动作，表露出坦率、真挚和诚意

想要实现共情沟通，我们不光要重视自己的语言、表情、姿势，还要注意调整肢体动作，这样才能让自己以坦率、真挚、温和的状态出现在对方面前。

心理学家认为，在某些时候，肢体动作甚至比面部表情更能传递情绪。美国纽约大学、普林斯顿大学的专家就进行过这方面的联合研究，还曾经做过很多经典的实验，以下就是一个颇具代表性的实验。

专家要求一些志愿者观看网球运动员在比赛中的情绪表达照片。这些照片主要包括三种类型：未经裁剪的全身照、裁去面部后只能看到身体的照片、裁去身体后只能看到面部的照片。

专家要求志愿者用心观察照片，再根据自己看到的信息判断运动员此时究竟是得分还是失分。在所有的志愿者完成判断后，专家进行了数据统计，发现志愿者能够根据全身照或肢体动作照片准确报告胜负情况，却很难根据运动员的面部表情做出准确的判断。

这个实验也提醒了我们要注意沟通中的肢体动作。我们应当用一些简单的肢体动作传递出内心的真诚和友善的情感，以便拉近自己与他人之间的距离，打动他人的心：

1. 手势

手势在肢体动作中占有最为重要的地位，不同的手势可以输出不同的信息，表达不同的情感，也能够提升我们的共情力。不过在使用各种手势时，需要注意幅度不可过大，次数不宜过多，也不宜多次重复同一个手势；而且使用手势时动作要尽量柔和，不宜生硬。

另外，我们还要掌握一些常用手势的内在含义，以免错用手势让对方反感。比如手掌自然地向外摊开，掌心向上，能够表达一种坦诚的态度，是接纳对方的手势，会让对方感觉到我们的诚意；而手掌用力下压则带有权威、命令的意思。这两种手势表达的情感和态度截然不同，如果错用就会产生不良的后果，所以我们平时要多多体会各种手势的使用效果，并可以多参考一些名人的演讲、会谈视频资料，以提升手势的运用水平。

2. 触摸

触摸是一种常用的肢体动作，它适用于我们与关系比较亲密的对象进行沟通的情况。因为人们都有获得理解、关爱、支持的需要，亲切而舒适的触摸就能够满足这种心理需求，可以让对方彻底放下心防，对我们敞开心扉，愿意与我们进行深层次的沟通。

另外，我们还可以用触摸来表达对对方的情感，比如可以用额头轻轻抵住对方的额头，或是用手掌轻轻抚摸对方的头部，轻拍对方的肩部、背部，让对方感觉到我们的安慰、关心之情；我们还可以用温暖的拥抱来表达对对方的喜爱、感激之情，也可以用握手来表示对对方的友善和支持等。这些动作都能为我们的共情沟通加分。

3. 微动作

在说话的同时，我们可以适时地配合一些微动作，以加强语言表达的效果，使对方更容易信服。比如我们可以用点头的动作来加强赞同的态度，让对方有受到了鼓励的感觉；我们还可以用耸肩的动作来传达一种无奈的情绪，以引起对方的同情。

与此同时，我们要避免在与人沟通时做出东张西望、摇头晃脑、抖动腿脚之类的微动作，也不要用双手不停地摆弄东西，或是手指在桌面、大腿上不断弹动，因为这会让对方感觉我们注意力不集中，还会让对方认为我们态度傲慢、不够庄重，这对于共情沟通会产生很多不利影响。我们要有意识地提醒自己不要做出这类影响沟通的微动作。

模仿对方的表现，增加“同感区域”

在心理学上有一条“相似效应”，指的是人们会不由自主地喜欢上那些和自己有某些相似之处的人。

我们可以将这条效应应用于沟通中，比如可以一边倾听对方的话语，一边有意识地模仿对方的动作、表情。这会让对方认为我们在某些方面的感想或感受与他们相同或相似，所以他们会对我们产生不少好感，愿意与我们接近，沟通的效果也会更加理想。

荷兰一所大学的心理学家曾做过这方面的实验：研究人员随机邀请了一批志愿者，请他们观看一些视频。

接下来，心理学家将志愿者分成A、B两组，再将他们分别引入不同的房间，对他们进行了简短的访问。

在A组志愿者陈述意见的时候，研究人员会用心地倾听，并记录下他们的观点，同时研究人员会不动声色地模仿志愿者的动作、表情。

比如志愿者摇头、耸肩，表示自己对视频内容不满意的时候，研究人员会做出同样的动作；志愿者皱眉、叹气，为视频内容感到难受或悲伤的时候，研究人员也会有同样的表现……

而在B组志愿者陈述意见的时候，研究人员却只是进行了倾听和记录，没有做任何模仿。

最后，研究人员要求志愿者填写调查问卷，以了解他们对实验和研究人员的看法。A 组志愿者普遍认为实验是有意义的，研究人员的态度也非常亲切、友善，让他们产生了沟通的欲望，在沟通完成后心情也是轻松、愉悦的。而 B 组志愿者对研究人员的评价却不高，经过统计，他们与研究人员的关系和谐率竟比 A 组低 70%。

这个实验提醒了我们，在倾听时不妨用模仿来制造“同感区域”——使对方意识到我们与他有着相同的感受，态度也基本一致，这样对方就会乐于敞开心扉，进行积极而有效的共情沟通。

那么，我们可以从哪些方面去模仿对方呢？

1. 模仿对方的动作

在倾听对方时，我们可以留心观察对方的一举一动，尝试把握对方的肢体动作规律。比如对方在说完一句话时会做点头的动作，以加强自己的观点，我们也可以适时做出同样的动作，让对方意识到我们对他的观点是认可的。

需要注意的是，这种动作模仿不必完全一致，否则会显得比较刻意。我们应当有选择性地模仿一些重要的动作，而且幅度应当小一些，时间上可以稍微延迟一些。比如对方做了一个比较夸张的手势，我们在模仿时就要注意减小动作的幅度和速度，并可以延迟几秒再做，这样会显得更加自然。

2. 模仿对方的表情

在很多时候，模仿表情的效果会比模仿动作更理想，因为对方看不见自己的表情，而当我们做出相同的表情时，他们通常意识不到这是一种模仿，会更容易受到感染，认为我们与他有着同样的感受，从而能够建立起更加亲密的情感“联结”。

与模仿动作不同的是，模仿表情时我们应当尽量同步，也就是说，对方做出了什么样的表情，我们应当以同样的速度和节奏来模仿，才能让对方在此时此刻受到触动。倘若模仿发生了延迟，就会让“同感”的效果大打折扣。

3. 模仿对方的姿势

我们还可以模仿对方的姿势，比如对方在谈话时采用了比较松弛的坐姿，我们也可以进行模仿，让自己放松肩膀，打开身体，展现出轻松的姿态，这会让对方觉得更加轻松惬意。

要是对方采用了正襟危坐的姿势，说明他认为这次谈话是严肃、认真的，我们也应当进行模仿——可以挺直腰背、并拢双腿，表示自己也会认真对待这次谈话，对方就会对我们产生不少好感。

当然，自然的模仿需要我们具备敏锐的观察力及反应力，而这需要大量的练习才能做到。我们可以先在和亲朋好友的日常对话中进行这种练习，一开始可能会觉得很不自在，也会有模仿得不好的情况，对此我们不必过于心急，随着练习次数的增多，我们自然会掌握模仿的窍门，有时甚至无须刻意模仿，就能恰到好处地做出和对方相同的动作、表情和姿势，而这无疑会产生事半功倍的效果。

第五章

共情倾听，把握对方潜在的需求和渴望

不必设限，让对方用倾诉的方式宣泄情绪

相信你一定有过这样的经历：当自己为某些事情困扰，感到烦恼、痛苦、不安的时候，只要将自己的感受向他人进行倾诉，心中就会觉得轻松不少。

其实，这种倾诉的过程，就是在宣泄负面情绪，它可以避免负面情绪过度堆积，能够减少情绪失控的可能，是一种非常重要的心理调节策略。

我们在共情沟通中也可以利用这一点，为对方提供倾诉的机会，而自己则可以认真地倾听。在这个过程中，对方的情绪状态能够得到极大的改善。

在心理学上，有一条“霍桑效应”强调了倾诉对于宣泄情绪的重要性。

“霍桑”是美国西部电器公司位于芝加哥的一家工厂的名字。这家工厂能够向员工提供较为丰厚的薪金、完善的福利制度和娱乐设施，按说待遇是非常优厚的，可员工们却对工厂很不满意，终日情绪不佳，对待工作也总是懈怠、敷衍。

为了了解员工的心理情况，哈佛大学心理学家梅奥与其他几位专家组成了一个研究团队，于1924年来到了该工厂，开展了一系列实验研究。他们先是改变了工作场所的照明强度、湿度温度，之后又重新安排了工作时间和休息间隔，但都没能让之前的状况得到明显改善。

直到心理学家们开展了“一对一谈话”，才终于解决了这一难题。在这种谈话的过程中，心理学家负责引导员工的情绪，使他们尽情倾诉对工厂的各种不满，而专家只会用心倾听，并做一些记录，不会对员工的意见进行评判，

更不会对他们的抱怨进行反驳、批评。

谁也没有想到，谈话竟发挥了奇效：在接受过多次谈话后，很多员工的情绪状态得到了极大改善，工作积极性和工作效率明显提升。工厂的整体氛围也焕然一新，让研究团队感到十分惊喜。

霍桑实验中的谈话究竟有什么特别之处呢？原来，它能够给员工提供一个满足心理需求的渠道。根据心理学家马斯洛的“需求金字塔”理论，员工在低层次的生理需求获得满足后，还会有安全感、归属感、尊重等多方面的心理需求。然而，工厂方面过去一直按照自己的想法去设置各项制度和福利措施，没有充分听取员工的意见，员工自然会觉得没有得到足够的尊重，对工厂也会缺乏归属感，这让他们积累了大量负面情绪，必然会影响到工作态度和工作效率。

心理学家用谈话打开了他们的心门，使他们有一种被关注、被尊重的感觉，而且他们还能借助谈话将心中压抑的负面情绪宣泄出来，自然会觉得身心舒畅、干劲倍增。

这种奇妙的现象便是心理学上著名的“霍桑效应”，它提醒我们，在共情沟通时，不能只顾自己一吐为快，而是应当学会静静倾听，因为那可能是对他人最好的支持和安慰。

不妨来看看下面这个例子，它能帮我们进一步认识倾诉和倾听。

一名顾客到某超市购物，不小心买到了过期 3 天的食物。顾客发现食物有问题后，非常生气，打电话向超市投诉，并声称要让媒体曝光该超市。

超市经理立刻派了一名口才极好的员工 A，带着礼品和慰问金前往顾客家中，希望能够顺利解决这件事。员工 A 能说会道，他给顾客讲了不少法律法条，直言过期食品价格不贵，规定是按照金额的三倍进行赔偿，不足 500 元的话赔偿 500 元。而且顾客还没有食用，没有造成实质性的损害，所以不如接受赔偿了事，这样对大家都“方便”。

员工 A 觉得自己的表述有理有据，应当能够说服顾客，谁知顾客却勃然大怒，他说：“我是差这点钱的人吗？你们超市就是这么解决问题的吗？请你立刻从我家出去！”

员工A灰溜溜地回到超市，将事情经过原原本本地汇报给经理，经理一时之间也很犯愁。后来他灵机一动，派了一个脾气特别好、平时话不多的员工B再次去顾客家拜访。

这一次沟通的主角变成了这位顾客，他对着员工B不停地发着牢骚，表达着自己的不满情绪，员工B一直静静地倾听，偶尔会回应一句：“您说得对。”“是这样，是我们的错。”

顾客就这样连续发泄了半个小时，只觉得口干舌燥，但是心情却变得轻松了很多。看着员工B真诚的表情，顾客反而有些不好意思了。此时员工B再次向顾客诚挚道歉，顾客也就没再追究，事情终于圆满地解决了。

这个案例也告诉我们，有时倾听比能说会道更加重要。特别是在共情沟通的时候，倾听是非常重要的环节，它不但能够帮助对方尽情地宣泄情绪，还能让我们深入了解对方的想法和观点，找到回应的侧重点，因而能够让沟通产生非常理想的效果。

那么，在倾听时我们需要注意哪些问题呢？

1. 坚决避免“听而不闻”

在倾听他人的话语时，最忌讳的就是外表看上去好像在听，但实际上根本没有用心去接收和评估对方提供的信息，把对方的意见和看法当作耳旁风，然后自顾自地发表看法。这种“倾听”是没有丝毫价值的，会让对方感觉自己在做无用功，使得对方有被忽视的感觉，严重时可能会引起对方强烈不满而酿成人际矛盾。

因此，我们在倾听的时候，应当集中注意力，去凝神倾听对方所说的每一句话，而不要心不在焉地想一些无关的问题。

心理学家曾将沟通分为五个层次，第一层次就是“心不在焉地听”，这种听是十分肤浅的，可以说是一种浪费彼此时间的行为；第二层次是“被动消极地听”，因为听者不够投入，常常会错过倾诉者要传达的重要信息和情感，因而只会导致错误的反馈，并会使沟通提前中断；第三层次是“有选择性地听”，指的是听者只听自己想听的，对于不合自己“口味”的信息一律自动过滤，很显然，这也是一种低效的听；第四层次是“主动积极地听”，虽然比起其他层次已经有了较大进步，但还不能引起对方的情感共鸣；第五层次则是我们努力追求的“共情倾听”，它要求我们不光要用耳朵听、用眼睛观察，还要用心去感受，并要及时给出积极的反馈，这种有感情的倾听才最能引发对方的共鸣。

2. 做出“积极参与”的身体姿态

在倾听他人说话的过程中，我们可以从身体姿势表现出自己正在积极地、耐心地倾听对方的话语，这会让对方有受到了鼓励的感觉，对方不但会愿意说出更多信息，而且还会对我们产生更多好感。

比如为了让对方感觉到我们的真诚态度，我们可以采取一种微微前倾的身体姿态，使对方感觉我们对他所说的话语很感兴趣；与此同时，我们可以展开双臂，放松身体，做出一种包容和接纳的姿态，使得对方在倾诉时会感觉更加放松。相反，如果我们保持将双手交叉抱于胸前或是身体后仰、紧贴座位的姿态，就会让对方感觉我们态度冷漠、防卫性强，会影响对方继续倾诉的积极性。

3. 不要随意打断对方的“牢骚”

在倾听时，我们应当保持足够的耐心，不要觉得对方在发牢骚就不想再继续听下去，甚至觉得“这个人很烦”。如果从共情的角度来看，发牢骚说明对方的内在需求没有得到满足，使他产生了愤怒、焦虑、不安等负面情绪，所以才会不停地在话语间强调一些问题。

对此我们应当给予足够的理解，在沟通时不必粗暴地打断对方的“牢骚”，也不要试图去改变他的内心想法，而是可以用自然的倾听表达一种接纳的态度，这样就会让对方的情绪得到释放，也会慢慢地放下心中的包袱。

倾听的核心：做到“忘我”

倾听的最高境界是“忘我”，也就是要暂时忘记自己的态度和立场，不要急于对对方的观点进行对错判断，更不能急着与对方争辩。

“忘我”倾听会让对方有一种被接纳、被理解的感觉，这会让他们有一种安全感，会愿意敞开自己的内心，分享自己的想法。我们也可以借此与对方建立情感联结，达到共情的目的。

在下面这个案例中，“忘我”倾听就产生了非常理想的效果。

27 岁的袁伟最近心情一直非常低落，相恋三年的女友向他提出了分手，他虽然尽力挽回，也没能留住女友。

从那以后，一连几个月，他都无法摆脱失恋的痛苦。家人、朋友都很关心他，也试图对他进行劝慰，却没有什么效果。

这天，袁伟和大学同学赵毅见面，赵毅看袁伟情绪不佳，便询问他是不是遇到了不顺心的事情。袁伟摇头道：“其实也不是什么大事，还是不说了，怕你笑话我。”

赵毅不禁微笑道：“咱们是多年的好朋友了，在我面前没有什么好顾虑的，想说什么就说吧。”

赵毅坦诚的态度让袁伟放松了戒备，他忍不住开口抱怨起来，发泄着心中的不满。虽然他的措辞很不客气，语气听上去也让人觉得不舒服，但赵毅一直认真地倾听着，还不时点头，或是跟着袁伟一起皱眉、叹气。

终于，袁伟意识到了自己的失态，不好意思地说："刚才发了这么多牢骚，你肯定觉得很烦吧。之前他们来劝导我的时候，我还没说几句，他们就听不下去了，会喋喋不休地给我讲很多大道理，让我觉得更加心烦了。"

赵毅笑道："没关系，你尽可以把烦心事说给我听，我一点都不觉得烦。"在他的鼓励下，袁伟尽情地倾诉着心中的情绪，虽然赵毅自始至终没有给他什么建议，袁伟却觉得心中轻松了许多……

在心情极度痛苦的时候，袁伟需要的不是空洞无力的建议，而是一个能够让他充分发泄情绪的渠道。可惜之前他的亲人、朋友却没有意识到这一点，他们没能耐心倾听他的倾诉，总是急着从自己的角度进行"指导"，这自然会让他感到更加烦恼。而赵毅却能够体察袁伟真正的心理需求，用"忘我"的倾听给予了他畅所欲言的机会，帮助他排解负面情绪、消除心理压力。

赵毅之所以能够做到这一点，也是因为他具有很强的共情力。在现实生活中，很多人因为缺少共情力，做不到"忘我"倾听。他们总是急着对他人的话语发表意见，有时还没弄清楚对方真正要表达的是什么意思，就急于做出评判，甚至还会添油加醋地加入自己的"注解"，让对方的原意被歪曲、误解，这样的沟通不但不会产生理想的效果，还有可能触怒对方，引发人际矛盾。

为了避免出现这样的情况，我们需要在沟通中调用共情力，学会"忘我"倾听，而这可以从以下几点做起：

1. 忘记认知分歧，接纳对方的观点

想要做到"忘我"倾听，首先应当改变狭隘、闭塞的心态，要学会接纳和包容对方的观点，哪怕自己与对方的认知存在分歧，也不能急于发表意见："你这么说是不对的！""你先听听我怎么说……"

这样的做法是很不礼貌的，会伤害对方的尊严和情感，很容易引发争执。因此，我们必须先忘记认知分歧，专注于获得信息和增进了解，才能让沟通进行得更加顺畅。

2. 忘记偏见，改变轻慢的态度

我们生活在一个多样化的世界里，人与人之间存在各种差异，很多人对于某些群体也会有一些“刻板印象”（指的是对某一类人产生比较概括的、固定的看法，即认为这一类人都应当具有某个特征，却忽视了人与人之间存在很多个体差异），而这会导致人们在沟通前就已经有了一些偏见，比如认为对方“文化层次较低，看问题肯定很肤浅”，或是认为对方“年纪不大，想法肯定不成熟”，等等。这样的看法显然是不合理的，但人们却会受其影响，会在倾听对方的话语时流露出轻慢的态度，结果不光无法听到有用的信息，还常常会引起对方的不满，使沟通渐渐陷入僵局。

所以在倾听他人说话前我们一定要摆脱偏见，先不要急着对对方的人品、能力、年龄、资格等下结论，而是应当在倾听中去认识，在沟通中去了解，这样才能更好地理解对方，并能够做好沟通中的共情。

3. 忘记喜好，别犯“自动过滤式错误”

心理学家还发现，有的人在倾听时容易犯“自动过滤式错误”，也就是只用心倾听自己感兴趣的或是让自己听后有愉悦感的内容，对于其他内容则会故意忽略，或是听得不全面、不仔细。

这种选择性的倾听会造成信息接收不完全，还容易引发误解，也会让对方感觉十分不快，导致沟通无法顺畅进行。

因此我们一定要改变这种坏习惯，在倾听时应当忘记自己的喜好，要尽可能倾听对方所说的全部话语，用真诚的态度全身心地投入对方的“世界”，才能赢得对方的信任，也才能为共情打好基础。

倾听与思考结合，了解对方潜在的需求和渴望

心理学家提醒我们，在倾听对方的话语时，不但要倾听话语本身要传达的意义，还要积极地思考，以便了解对方潜在的需求和渴望。

因为在很多时候，对方可能会将不便表明的信息用委婉含蓄的话语说出来；另外，对方的表情、细微的动作也会透露出一些弦外之音，所以我们应当在倾听的同时捕捉那些藏在表面现象下的信号，这样才能洞察对方的内心，有助于提升共情沟通的效果。

不妨来想象这样一个场景：

两位久违的朋友在一家餐厅见面。A看上去精神不振、面容憔悴，在提到自己的情况时，他长叹一声，感慨道："现在创业可真不容易啊。"

B立刻回应道："可不是嘛，创业哪有那么容易。"

一句话让A失去了表达的欲望，他看了看B满不在乎的表情，苦笑了一下，转移了话题……

在这个案例中，我们可以发现A心中有很多负面情绪，他的表情、语言都透露出了这一点，当他感慨创业不易的时候，其实并不是在简单地阐述事实，而是在间接表达自己的痛苦和无奈，他内心真正需要的是来自朋友的关心和抚慰。

但遗憾的是，B虽然听到了他的话语，却没有用心去思考，所以也就不知道该如何与他共情，这样的沟通不但无法产生良好的效果，还容易对人际关系造成

负面影响，所以我们一定要注意避免。

英国哲学家保罗·格莱斯也曾告诫我们：想要真正理解他人对意义进行加工的过程，就要学会区分“所说（said）”和“所指（implied）”。其中“所说”就是对方话语的字面意思，只要我们集中注意力去倾听，就不会错过“所说”的信息。但单纯的倾听是不够的，我们还需要动用自己的观察力、思考力、判断力，结合当时的语境，才能明了对方“所指”的信息。

这里的语境不光包括对话的背景、情境，还包括对方过去的经验、使用语言的习惯以及面部表情、语气语调、动作姿势等诸多方面。

下面就是一些常用的把握“所指”的技巧：

1. 思考谈话内容中的潜台词

在沟通的过程中，对方很可能会把不便直接言说的意思用拐弯抹角的话语表达出来，所以当对方忽然说起一些与当前沟通情境没有关联的话题时，我们就要考虑一下，看看对方是不是有什么弦外之音。

另外，对方有时还会不由自主地使用一些特别的字词，比如“说真的”“老实说”“坦白说吧”等，而这常常是一种心虚的表现，说明他们之后要说的话语并没有自己声称的那么真实可信，我们对此应当注意。

2. 揣摩对方的情绪变化

虽然在沟通中，人们会在言语上掩饰自己的真实心意，但是情绪的变化却是藏不住的。我们只要细心揣摩，就能从对方的表情和语气中感受到情绪变化，进而可以采用更加适当的沟通策略。

比如对方突然语速加快、音调变得高亢，还出现了脸色通红、表情紧张等迹象，说明他的情绪已经越来越急躁，我们应当避免在话语中继续向对方施加压力，可以将沟通节奏放缓一些，对方也会慢慢地放松下来。

3. 思考对方是否给出了暗示

如果对方非常希望我们听懂他的弦外之音，就可能会给我们一些暗示，这也需要我们在沟通中集中注意力，要多留意“反常迹象”，以便解读对方的真实心意。比如对方反复强调某些词语或句子，或是对方突然对某个字眼加重了语气，再如对方悄悄地向我们使眼色、做手势等，都说明对方话里有话。我们一定要重视对方的这种暗示，并要想办法顺着对方的话语进行沟通，使对方知道我们已经明白了他的真实心意。

需要提醒的是，我们在理解对方的“所指”时不要多心，要避免把对方无心的一句话也当成了话里有话，这样反而会影响沟通的效果。因此，我们要注意将上述几点结合起来进行综合分析，即在倾听话语内容的同时注意观察对方的情绪、接收对方的暗示，这样就能从对方的只言片语中察觉到其真实心意了。

表示认同，让对方的态度更加积极

每个人都想获得他人的认同，这会让人们有一种被理解、被欣赏、被赞赏的正面的心理感受。我们在进行共情沟通时便可以由此出发，一边认真倾听对方的话语，一边努力向对方释放强烈的认同感。这样对方会有一种受到了鼓励的感觉，会更加主动地做出反馈，有时他们对于沟通的积极性甚至会超越我们的预期。

下面这个案例可以帮我们更好地认识在倾听中“表示认同”的重要性。

31岁的郑雪曾是一个不善于倾听的人。在和朋友相处时，她总是急于开口发表意见。她不管对方讨论的话题是否与自己有关，也不管对方是否真的需要自己的建议，便会毫不犹豫地打断对方，将“话语权”抢过来。这样做虽然让她自己觉得非常爽，却让朋友们感到很不舒服。慢慢地，郑雪发现朋友们都不约而同地疏远了自己。

郑雪进行了一番自我反省，意识到自己应当改变不会倾听的坏习惯。恰好这天一位熟人宋姐约她聊天，在闲谈中讲到了自己在公司受到的不公平待遇——与宋姐同一时期进入公司的同事不是获得了加薪，就是职位得到了晋升，可宋姐却像完全被忽视了一样。

听着宋姐愤怒的描述，郑雪本想开口给她出出主意，却忽然想起了过去那些不愉快的沟通经历，于是她努力压抑自己的表达欲望，改为用点头、露出同情的目光等办法来表示自己一直在认真倾听。

感受到了郑雪的善意后，宋姐尽情倾诉了一番，之后她的情绪明显平静了许多，还没等郑雪发表什么建议，宋姐自己就叹了口气道："其实上级忽视我也是有原因的，这几年我一直忙着家里的事情，工作任务虽然能够按时完成，但质量比不上其他同事。而且我一直都在原地踏步，在能力上也没有什么提升，或许我应当花点时间给自己'充充电'。"

听完宋姐这一席话后，郑雪欣慰地笑了，这其实就是她想要对宋姐说的，但很显然，这样的道理宋姐自己也懂，她真正需要的其实是别人的关心和认同……

郑雪在沟通中改变了不会倾听的坏习惯，逐渐掌握了共情的真谛，知道自己应该用倾听和认同来满足对方的心理需求，而这无疑会将沟通导向良好的结果。

这个案例也提醒了我们，在沟通时，一定不能忽略对对方表现出足够的认同感，特别是对方有敌对情绪，对沟通表现出兴趣匮乏、发言不积极、无反馈等情况时，我们就可以用及时的认可抚平对方的情绪，使沟通向着积极的方向发展。

那么，该如何正确运用"表示认同"的沟通方法呢？

1. 从心理上接受和认同他人

在与人沟通时，我们首先应当在自己的头脑中形成一种积极的赞同态度，即不要总是盯着对方话里话外的漏洞去进行批评和指责，而是应当努力去发掘对方话语中值得赞赏的部分，并形成自然而然地去赞同和认可的好习惯。这种习惯会让我们在沟通中自发地流露出认同的态度，而且不会让对方感觉生硬、做作。

另外，我们要注意摆脱"光环效应"和"恶魔效应"对自己的影响。所谓"光环效应"，说的是人们一旦对某个人的某种品质产生了非常好的印象，就会产生以偏概全的认知，即认为对方的其他品质也是正面、良好的，所以会自然而然地对对方产生认同感。

与"光环效应"相反的是"恶魔效应"，即人们讨厌某个人身上的某一点时，会"恨"屋及乌地讨厌他身上的其他地方，导致无法对其产生认同感。

对于这两条心理学效应，我们要有客观的认知，要注意从多侧面了解一个人，多倾听他们的看法，避免做出片面、偏颇的评价。

2. 在言语中体现出认同感

当对方表达自己的观点时，我们可以模仿案例中郑雪的做法，用点头、微笑的方式表示认同。我们还可以注视着对方的双眼，说一些适当的表示认同的话语，如“我非常赞同”“的确如此”“这一点非常重要”“我理解你的意思”“你这个问题问到点子上了”，等等，这些话语会让对方感到十分欣慰和自豪，他们就会愿意传递更多的信息。

不过，在说出认同的话语时要注意简短、恰到好处，切勿长篇大论，或不停地表示赞同，更不能用敷衍的态度说一些“是是是”“对对对”，这样既会打乱对方的思路，又会让认同感显得不够真诚，影响沟通的效果。

此外，心理学家还提醒我们，即使对方正在说的话语我们不认同，也不能立刻表示反对，否则会打消对方沟通的积极性，而且还可能引发人际矛盾。所以不到万不得已的时候，一定不能否定对方。

适时重述：表达自己的同理心

在倾听的过程中，我们可以适时重述对方所说的内容，这能够满足对方渴望获得重视和认可的心理需求，也能够提升对方沟通的积极性。

当然，"重述"并不等于简单重复对方所说的话语，而是要发挥自己积极倾听和深入理解的能力，在简短的重述语言中适当表达同理心，才能产生共情的效果。

下面这个案例中的主人公就很善于在沟通中应用重述技巧。

陈铭和女友相恋三年，感情一直很不错，每到节假日，两人都会约好外出游玩。可是这周因为单位临时有安排，陈铭不得不爽约，害得女友在商场门口等了他半天。

女友打来电话质问道："你不是答应要陪我逛街吗，怎么现在还没到？"

陈铭这才想起了双方的约定，心中十分内疚，他赶紧说："陪你去逛街……我怎么把这件事给忘了。真对不起，单位临时有个任务要处理……"

女友不禁生气地说："既然你有事，为什么不能提前通知我一声呢？"

陈铭不好意思地说："对不起，我确实应该提前给你打个电话，可同事这一催，我不小心忘记了……"

女友嗔怪道："哼，竟然把我的事抛在脑后，害得我空等了一个小时，看来你根本就不重视我。"

陈铭更加惭愧了："我理解你的心情，但我真的不是要故意忽视你。我现在加快速度工作，争取早点去找你好吗？"

听到他可怜兮兮的语气，女友有些心软了："那倒不必，你还是认真把工作做好吧，忙乱容易出错。我一个人先逛一会儿，慢慢等你。"

女友的善解人意让陈铭十分感动，他高兴地说："确实，工作就怕忙中出错，你说得有道理，我听你的……"

陈铭被工作中的突发事件打乱了安排，忘记了与女友的约定，让女友很不开心。幸好他懂得倾听与重述的沟通艺术，在和女友的电话沟通中不但表达了真诚的歉意，还让女友获得了被尊重、被理解的感觉，打动了女友的心，使一场矛盾消弭于无形。

我们不妨来回顾一下这段对话：当女友表示不满的时候，陈铭没有急于为自己辩解，而是认真倾听，并适当重述女友的话语，为女友激动的情绪找到了一个缓冲的机会。

他在重述的同时还巧妙地融入了合理化的解释——"可同事这一催，我不小心忘记了"，这样的说法也能让女友接受；之后，他又在重述时进行了小心的"试探"，把选择权交给女友——他是不是应该加快速度工作，通情达理的女友自然给出了否定的答案。

就这样，陈铭通过一次又一次的"重述"，化解了沟通困境，也赢得了女友的谅解。如果我们在沟通中遇到了类似困局，也可以参考陈铭的做法，先认真倾听对方所说的每一句话语，再巧妙地对其中某些重要的内容进行重述，就能够促进情感的共鸣和心灵的碰撞。

具体来看，倾听中的重述可以按照以下步骤去进行：

1. 在倾听中把握对方的核心情绪

这个步骤非常考验我们倾听的质量，我们不但需要专注地倾听对方的话语，还要运用共情力去感受对方此时的情绪状态是怎样的。

有时对方会直接用"我很生气""我很开心"之类的语言描述自己的情绪，但更多的时候，对方不会直白地表达感受，而是会在话语中透露出自己的想法和情绪，我们需要仔细揣摩才能准确感知对方此时是愤怒的，还是压抑的，是矛盾纠结的，还是兴奋难耐的……

2. 抓住重述的关键词

我们可以从对方的情绪着手，寻找对应的关键词作为重述的“基点”。比如对方怒气冲冲地大声说：“我很愤怒！怎么会遇到这种事情……”

此时，“愤怒”就可以成为重述的关键词。我们先不要急着对这种情绪进行评估，而是可以从“愤怒”着手重述对方的话语，对方就会自行解释愤怒的原因，情绪能够得到适度发泄，我们也可以在倾听中尝试了解对方真正的心理需要，让沟通向着更深层次自然发展。

3. 快速组织重述的语言

找到关键词后，我们需要快速整合，组织语言，进行重述。这一方面可以让对方知道我们一直在认真地倾听，思想没有开小差；另一方面也便于提醒对方注意这些关键性的内容。

因为沟通往往是“说者无心，听者有意”的，可能对方也没有意识到自己在无意中讲到了问题的重点，经我们重述提醒后，对方常会有恍然大悟的感觉，也会有一种被理解、被接纳的感受，双方之间会感觉更加贴近。

4. 进行澄清和探究

“澄清”和“探究”是两种常见的倾听技巧。“澄清”一般是在重述对方所说的内容后再询问一个问题，以确保自己听到的内容是准确清晰、不会引发误解的。比如我们可以这样去提问：“如果我理解的没错……你说的意思是这样吗？”

另外，我们还可以提一些具有探究性质的问题，比如：“刚才你这样说……听起来你很生气，那么你还有其他感觉吗？”这样的问题就可以帮我们探究、猜测对方可能的反应，也能帮对方梳理思维，还能将谈话引向正确的方向。

总之，在沟通倾听中，我们需要有技巧地重述对方的话语，但要注意不能简简单单地进行机械性的重复。

这种重述技巧如果用得好，会让沟通起到事半功倍的效果，所以平时要多多揣摩，多多学习，才能做到运用自如。

控制感受，消除倾听中的情绪化反应

“情绪化反应”是影响倾听效果的一个重要因素，在听到与自己观念完全不吻合的观点，或是意识到对方是在批评甚至攻击自己时，很多人就会控制不了自己的情绪，容易产生各种防卫性反应。

比如他们会露出不耐烦的或是生气的表情，姿势也会变得非常僵硬，同时还会回避和对方进行眼神交流；再如他们会突然打断对方的话语，并会使用一些情绪化的言辞，语气也会格外生硬……

在很多时候，一场原本和谐的对话之所以会转为激烈的争论，正是因为这些情绪化反应造成的。下面就让我们来看一个非常典型的例子。

29 岁的汤佳结婚两年，与丈夫相处得不算特别融洽，平时两人虽然很少发生争吵，但汤佳总觉得丈夫不喜欢对自己倾吐心声，夫妻间似乎有一层看不见的隔膜，让她觉得很不舒服。

这天丈夫需要加班，很晚才回到家，汤佳看他脸色阴沉，猜想他可能是在工作中遇到了难事，便用关心的语气询问起来。可丈夫却摇摇头说：“没什么事，你不用担心。”

汤佳有点不高兴了，她不管丈夫有多疲倦、多不耐烦，偏要追问到底。丈夫实在无奈，只好坐下来把事情原原本本地讲了出来，谁知刚讲了一半，汤佳就发起火来：“你怎么这么没用啊，就不知道为自己辩解吗？这件事根本就不是你的责任……”

丈夫的表情顿时变得僵硬了，他眉头紧皱，还不由自主地握紧了拳头，看样子被汤佳的话气得不轻。汤佳也意识到自己的措辞太过分，赶紧向丈夫道歉："对不起，我刚才太激动了，其实我不是想怪你，而是在为你打抱不平。"

丈夫却没有再向她继续倾诉的打算了，汤佳讪讪地说："事情既然已经发生了，你也别太在意，毕竟你以前的表现领导都看在眼里，不会这么容易受影响……"

丈夫有点不耐烦地打断了她："我知道应该怎么做，对这件事也没有特别在乎，只是暂时想不通而已。可你却说了这么多，反而让我觉得更加压抑……"

汤佳突然愣住了，一时间不知道该说什么好，她也不明白为什么自己出于好心想要开解丈夫，最后却变成了这种情况……

汤佳在倾听时就犯了不少错误。

首先，她没有设身处地感知丈夫的情绪，在他并不需要同情和安慰的时候，一再逼迫他吐露心声，给丈夫造成了不小的心理压力。

其次，在倾听的过程中，她没能控制好自己的情绪，出现了情绪化反应——因为心中急躁、愤怒，她还没有厘清思路，就迫不及待地打断丈夫。之后在情绪的控制下，她口不择言，使用了贬低丈夫的情绪化言辞，伤害了丈夫的情感。

最后，她急着下结论、提建议，试图对丈夫进行说教。她所做的一切虽然都是出于好意，却因为没有做好共情，反而给丈夫增加了心理负担。

想要避免出现类似的情况，我们应当注意做好以下几点：

1. 确保对方有倾诉的欲望

心理学家托马斯·戈登告诉我们，人们有时可能暂时想和自己的情绪待一会儿，在这样的时刻，他们可能会因为过于痛苦、烦恼、沮丧而不想开口，也可能是因为他们没有足够的时间对别人进行长时间的情绪宣泄。

无论属于何种情况，我们都应当给予理解和支持，而不能将自己的意愿强加于人。在倾听之前，我们也要确保对方有倾诉的欲望，如果对方更需要的是独处和保留隐私，我们就不应逼迫他们开口。

2. 控制自己想要打断他人讲话的心理冲动

心理学家认为，喜欢打断别人的讲话，可能是一种焦虑心理过于严重的情况。这种焦虑心理会让我们急于发表自己的意见，否则自己就会变得越来越焦躁不安。

所以我们需要有意识地调节自己的心理，抑制心中冲动的念头。比如感到越来越不耐烦的时候，我们可以做几下深呼吸，或者在心中默数十下，然后不断提醒自己："现在不是我说话的时候，要先给别人一些表达的机会。"用这样的方法，我们可以给自己制造一个"缓冲时间"，有助于克制冲动。

如果实在控制不住冲动，我们也可以让"冷处理效应"来帮忙。所谓"冷处理效应"，也叫"淬火效应"，它的原意是将加热到一定温度的金属工件浸泡在冷却剂中，可以提升其硬度，而心理学家将其移植到了情绪控制领域，告诉我们在情绪极度激动的时候，也可以采用"冷处理"的办法，让自己能够从狂怒、冲动中解脱出来。

比如在感到自己头脑发热、情绪激动、即将发作的时候，就可以先离开现场，用冷水洗一把脸，让自己清醒过来，情绪也会逐渐缓和，此时再回头看之前的对话，我们就会有豁然开朗的感觉，在表达情绪时也能做到从容、理性，不会因为过于冲动造成不可收拾的局面。

3. 不要表现出消极情绪

在倾听过程中，我们要注意控制好自己的情绪，哪怕对方的言论让我们感到非常不满，也尽量不要从表情、姿态、动作上流露出这样的信号，而是可以先给对方一个完整表达的机会，以便彻底弄清楚对方的意思，不至于造成误解。

等到对方表述清楚后，我们可以尝试澄清事实，但也要避免使用情绪化言辞，以免让问题更加严重。

4. 不要急于下结论

在倾听中，我们还要注意避免急于下结论，也不要迫不及待地给出建议。因为对方会出现以下这几种常见的想法：

（1）你认为这件事完全是我的错。

（2）你不相信我能够凭自己的力量解决问题。

（3）你不在乎我的感受，只希望我按照你的意愿去做事。

可想而知，带着这样的想法，对方是无法继续进行沟通的。而我们应当设身处地从对方的角度着想，多给他们一些理解和鼓励，少一些态度生硬的说教，才能让倾听产生理想的效果。

预设氛围，倾听效果会更加理想

想要达到最理想的倾听效果，我们也不能忽视氛围的重要性。心理学家发现，不同的沟通氛围会对人们的情绪、认知能力、表达能力产生不同的影响，比如轻松愉快、生机勃勃的氛围能够产生正面、积极的影响，而紧张、死气沉沉的氛围却会造成负面、消极的影响。

所以我们应当尽可能地营造出轻松、和谐、安宁的环境氛围和开放、自由的心理氛围，这样对方会感觉更加放松、愉悦，愿意主动发表看法；我们自己也更容易与对方建立情感联结，能够在共情的基础上做好倾听的工作，提升沟通的效果。

在下面这个案例中，一位领导及时调整了沟通氛围，通过倾听了解到了员工真实的想法。

李卓是某酒店的新员工，他入职已经有一个月了，虽然经过了专业培训，平时也有老员工指导、帮助，可他就是不能独立上岗，总是担心自己无法应对大量的旅游团预订和散客登记工作。

李卓自己也很着急，就连吃饭、休息的时候，他也总是捧着业务手册努力学习。由于睡眠不够、心情紧张，当班的时候他常常出错，让经理很不满意。

这天，经理给前台打电话，让李卓到自己的办公室来，想要跟他谈一谈。可李卓一走进办公室，就紧张得手足无措，脸也涨得通红。经理向他提问，他不是结结巴巴，就是半天答不出来一句话，导致沟通根本进行不下去。

对此经理也十分无奈，他想了想，决定换个时间、地点再找李卓谈话。于是，经理问清了李卓的工作时间表，约他在休息时间一起去酒店的咖啡厅坐一坐。

咖啡厅没有多少客人，环境安静、放松，经理也脱下了正装，穿上休闲装和李卓对话。在这种氛围下，李卓终于打开了心扉，话也多了起来，他还发现经理的态度是那么友好、真诚，这让他觉得与上级沟通并不是什么难事。

就这样，李卓把自己在工作中遇到的困难一一道来，经理认真地倾听后，从朋友的角度给他提了一些建议，李卓觉得很受启发，也对独立上岗产生了强烈的信心……

经理最初选择在办公室与员工进行正式沟通，但这名员工性格内向，容易胆怯，在非常正式的氛围下感到十分紧张，导致沟通效果不佳。之后经理调整了沟通氛围，选择在咖啡厅对话，自己还特意换上了休闲装，使对方产生了一种安全、放松的感觉，不知不觉说出了很多信息。

这个案例也提醒了我们，想要更好地倾听对方，与对方共情，就要在沟通前注意做好氛围方面的准备工作。具体来看，我们可以从以下几个方面来营造良好的氛围：

1. 选择适合的场所

沟通之前，一定要先选择适合的场所。为此，我们要考虑好场所的特点，再结合沟通对象的身份、性格、喜好和沟通内容来进行选择。比如我们打算请地位较高、性格比较严肃的对象谈一些正式的话题，那就可以选择庄严的会议厅、正规的办公室等场所；如果我们打算请对方谈一些轻松的话题或是私人性质的问题，则可以选择环境清幽、气氛良好的酒吧、咖啡厅、餐厅，在这种场所沟通，对方不会有太多的心理压力，往往愿意倾诉更多的心声。

2. 注意环境中的声音因素

为了集中注意力倾听对方的话语，我们应当确保环境中不会有太多的噪声，才能够准确接收对方在话语中传递出的信息和情感。不仅如此，环境过于喧嚣嘈杂，也会干扰对方的思路，并会让对方感到烦躁，影响表达的顺畅性。

所以我们在预设氛围时还要注意清除环境噪声，这样也可以给对方一个信号——告诉对方我们对这次谈话非常重视，对方感觉受到了尊重，谈话也会更加积极。

当然，消除噪声并不意味着要让环境保持安静无声，如果我们打算聊一些比较轻松的话题，还可以在隔绝噪声的基础上播放旋律优美、节奏舒缓的轻音乐（注意音量要小一些，才能成为谈话的背景音，而不至于“喧宾夺主”）。在音乐的陪伴下，对方紧张的情绪能够得到舒缓，我们也更容易和对方共情。

3. 注意环境中的温湿度因素

在准备提问前，我们也不能忽略温湿度因素，因为这会影响环境的舒适度，如果对方感觉非常不适，也会失去继续表达的耐心，我们也就很难倾听到有价值的信息了。

因此，如果我们打算在室外环境与对方沟通的话，就要选择在气温适宜时进行；如果在室内沟通，则可以预先调好温度、湿度。有研究发现，人体在室温18℃，湿度40%~60%时会感觉比较舒适，精神状态也会较好，思维敏捷度和工作效率都会达到一个较高的水平，我们不妨按照这个标准来调节温湿度，使沟通能够进行得更加顺利。

4. 注意环境中的光线因素

光线的明亮程度会影响人的心情和感受。过于强烈的光线会刺激对方的眼睛，分散其注意力；而过于昏暗的光线又会让对方感觉昏昏欲睡，提不起说话的兴趣。

所以我们在沟通前要注意调节好现场的光线，如果打算交流比较正式的话题，应将光线调节到明亮而不刺眼的程度；如果打算谈比较轻松的话题，则可以将光线调节到柔和而不昏暗的程度，这样对方能够减少防御心理，并可产生更多的安全感。

5. 注意环境中的色彩因素

心理学家发现，不同波长的色彩作用于视觉器官后，会通过视神经传入大脑，经过思维的加工后，再和以往的记忆发生联系，就能形成一系列的“色彩心理效应”，即色彩会引起人们对冷热、轻重、软硬、强弱等的不同心理感受，还会影响人的情绪变化。

有报告称，美国西雅图海军禁闭所曾做过相关实验，发现情绪狂躁的罪犯在粉红色的环境中会逐渐冷静下来。这是因为粉红色在刺激视觉后，能够通过一系列复杂的作用促使人的肾上腺素分泌减少，使心脏活动变得舒缓、肌肉放松、情绪趋于稳定。但要是将粉红色换成红色，却会出现相反的效果：人的脉搏会加速、血压会升高，时间长了，更会觉得烦躁不安，容易发怒。

所以我们在预设氛围时不可忽略色彩因素，如果对方情绪比较激动，可以选择在环境中布置一些粉红色的物品；若是对方情绪比较压抑，表达不太积极，则可以在环境中点缀明快的黄色及青春洋溢的绿色，这会让对方觉得心情舒畅，还会引发表达欲望。

6. 注意环境中的气味因素

气味对于营造氛围也有特殊意义，当人们闻到了自己熟悉的和喜欢的味道时，内心就会变得安详、平和，压力也能随之减轻，这时进行沟通，往往能够获得不错的效果。相反，若是闻到了难闻的气味和刺激性强的气味，人们就会避之唯恐不及，根本无法专心思考，正常的表达和倾听也难以进行。

因此，我们在沟通前不能忘记做这方面的准备，可以在沟通场所摆放一些新鲜的花草，以便利用其香气来调节氛围。另外也可以使用熏香或精油，比如能够舒缓压力的薰衣草香、有助于提高注意力的柠檬香、可以强化记忆力的迷迭香等都比较适合在沟通时使用，但要注意用量不可过大，否则气味过于强烈，反而会让对方感觉不适。

最后，在营造环境氛围的同时，我们还要注意营造积极的心理氛围。为此，我们应当注意表现出轻松自然的态度，并要将一种积极的情绪传递给对方，使对方受到感染。而在倾听的同时，我们要注意考虑对方的心理变化，要抓住对方的心理波动情况，采取适当的引导策略，使对方愿意敞开心扉和我们进行交流，最终达到良好沟通的目的。

第六章

建立心理联结，让共情成为沟通的加速器

把握个性特征，达到共情的最佳境界

你在与他人沟通的时候，是否遇到过“话不投机半句多”的情况？因为无法和沟通对象建立心理联结，使得沟通效果很不理想。

想要避免这种情况，就不能急着与对方交流，而是要引导对方先自由阐述观点，再从他们的沟通风格中识别其个性特征，这样就能找到共情的突破口，能够快速与对方建立心理联结，沟通也会进行得更加顺利。

在下面这个案例中，一位专家就通过这种方法解决了看似棘手的沟通问题。

张静接受了总部调令，到分公司参与一个重要项目。按照惯例，她首先来到分公司总经理的办公室，准备和对方进行一番沟通。为了这次沟通，张静还准备了不少资料，并打算向对方提出一些看法。

可是，那位总经理却没有给张静开口的机会，他一见面就不客气地布置起了任务：“虽说你是从总部来的专家，但是到了我们分公司，就得听从统一指挥，不能自作主张。现在请你到外面去找一位叫刘洁的秘书，她会把项目资料提供给你，你先了解一下这个项目的基本情况……”

说完这番话后，总经理就拿起了文件工作起来，不再理会张静。如果换了其他人，听到这样一番生硬的话语后，可能会和总经理争执起来，因为他实在是太强势了，也不懂得共情，不关心别人的感受，提的要求还不容反驳。

张静却不想和总经理发生无谓的矛盾，她和气地笑了笑说：“既然您这么忙，我就不多打搅了。明天我会向您提交一份关于这个项目的研究报告。”说完张静就礼貌地告辞了。

张静的反应让总经理感到有些意外，但他认为一天时间连看完资料都不够，更不用说写报告了，所以他觉得张静是在说大话。

没想到第二天一早，张静就带着报告回来了。总经理才看了个开头，就被吸引住了，等到看完后，不禁对张静肃然起敬，再也没说过一句态度轻慢的话。

张静这才认真地与总经理沟通起来，她详细地讲解了自己的看法，让总经理很受启发，连声夸赞她不愧是“总部派来的专家”……之后，总经理为自己之前的态度不佳向张静表示了歉意，张静却大度地说：“没关系，我理解您的做法。您是一个执行力很强的人，不太在乎那些繁文缛节，只希望能够高效地沟通，卓有成效地解决问题，我非常欣赏这种风格，难怪您能将分公司管理得如此井井有条。”这一番话说到了总经理的心坎上，他连忙站起来与张静握手，并高兴地说：“感谢你的理解，希望我们能够合作愉快。”

面对鲁莽无礼的沟通对象，张静没有意气用事，而是用理性思维去分析对方的个性特征——对方个性强硬，遇事更看重效率和结果，所以她没有浪费时间和对方争辩，而是用最快的速度拿出了实实在在的工作成果，让对方心服口服，也为自己赢得了更多的话语权。

之后，张静又尝试与对方进行共情沟通——表示自己理解对方的做法，还赞美了对方的管理风格，让对方的情感得到了很大的满足，沟通也进行得畅通无阻。

当我们在沟通中感觉困难重重的时候，不妨学习张静的做法，先去了解对方的个性，再从个性出发“建立心理联结”，这样更有利于达到共情沟通的最佳境界。

为了更加准确地把握不同沟通对象的个性特征，我们可以参考一种DISC个性沟通法。这种方法是由美国哈佛大学心理学家威廉·莫尔顿·马斯顿博士提出的，他将人们的个性特质分为四种，即支配型（dominance）、影响型（influence）、稳定型（steadiness）、谨慎型（compliance）。这种DISC沟通方法诞生之后，马上就被很多沟通高手引入实践中，并取得了良好的效果。下面就让我们来学习这种独特的沟通方法：

1. 与支配型人士沟通

支配型的个性也被称为D型、力量型、老虎型个性，具有这种个性的沟通对象常常表现出目标明确、行动迅速、注重结果的特点，他们一般说话比较直接，表情比较严肃，措辞比较强硬。

上述案例中的那位总经理就是一位支配型人士的代表。与这类人沟通时要注重结果导向，说话要直指重点，不要拐弯抹角。如果发现对方在话语中出现了谬误，则应当婉转提醒，不要直接指出，以免让对方有尊严受到侵犯的感觉。

2. 与影响型人士沟通

影响型的个性也被称为I型、表达型、孔雀型个性，具有这种个性的人在沟通时会表现得热情、主动，而且他们比较善于表达，并热衷于描述细节和营造氛围。

与这类人沟通的时候，我们应当积极一些，要及时给予回应，并应注重强调我们的感受，使对方感同身受。另外，我们可以多用一些幽默风趣的话语来吸引他们的注意，这会让他们更喜欢和我们沟通。

3. 与稳定型人士沟通

稳定型的个性也被称为S型、和平型、考拉型个性，具有这种个性的人在沟通中会表现得友善、随和，但也比较被动，不太擅长表达自己；同时他们很愿意倾听，而且非常在乎他人的感受。

与这类人士沟通的时候，我们应当表现出足够的关心和包容，使他们有一种被理解、被接纳的感觉，这样他们就会愿意敞开心扉与我们交流了。

4. 与谨慎型人士沟通

谨慎型的个性也被称为C型、思考型、猫头鹰型个性，具有这种个性的人士在沟通中会表现得比较谨慎，他们善于察言观色，在措辞时则力图精确，不希望自己在言语之间出现疏漏；而且他们比较喜欢在沟通中提出问题，只要有不肯定的地方都会马上提出疑问。

我们在与这类人沟通时，也应当尽量达到精确的要求。如果想要说服对方，最好给出具体的、准确的数字和真实的、客观的案例，尽量不要出现带有主观臆测性质的说法。另外，我们还应当在沟通前做好充分的准备，最好预先设计一些问题，并想好答案，以免回答不出对方的问题而给对方留下不好的印象。

不过，心理学家也提醒我们，在实际沟通的时候，也不能过于绝对地把某人归入以上四类中的一类。事实上，人的个性特征是非常复杂的，一个人可能同时存在支配型、影响型、稳定型、谨慎型的特质，只不过其中一种在某些特定的沟通情境中表现得特别明显，而在其他沟通情境中，这种特质就可能出现变化。

就像有的人在工作沟通情境中可能会表现出非常明显的支配型特质，而在非正式的朋友沟通、家人沟通等情境中，却会表现出其他几种特质。所以我们在分析沟通对象的个性时还要注意结合具体的沟通情境，这样获得的结论才会更有参考价值。

共情不是同情，进入对方的内心体验他的感受

“共情”与“同情”，两个词语虽只有一字之差，含义却截然不同。

从心理学的角度来看，所谓“同情”，就是从你的角度，用你的思维去解读对方的情绪、感受。你可能会为自己看到的事情在某一瞬间感到难过、担忧，却很难做到感同身受，也就难以在沟通中触动对方的心灵。

比如，你可能会这样说：“我很同情你的遭遇，可是，这种情况不是很多人都会遇到的吗？我觉得你应该……”

不难想象，这种完全出于主观的同情不但无法抚慰对方的心灵，还容易引发对方的反感，严重时可能会造成关系的疏远。

在下面这个案例中，廉价的同情就引发了沟通问题。

陈辉和晓慧是相恋多年的恋人，原本他们感情不错，可最近这半年来，却常常为一些鸡毛蒜皮的小事争吵不休。

两人为此都很烦恼，每次见面前，也都会提醒自己控制情绪，却于事无补。

这天，两人本来约好在一家氛围浪漫的咖啡厅见面，闲聊了几句后，晓慧说起了自己在工作单位遇到的烦恼：工作任务繁重，几乎每天都要加班，上级要求又很严格，出现一丝纰漏都要返工；同事又总是不肯积极配合，让她有一种快要崩溃的感觉……

晓慧还没说完，陈辉就迫不及待地打断了她，发表了一番自己的看法：“我很同情你，不过工作就是这样，你想要做出成绩，不付出努力是不行的。

你说上级要求严格，我觉得那是上级器重你，想要考验你真正的能力。你与其在这里叫苦连天，还不如沉下心思好好表现……”

陈辉对自己的说辞非常满意，认为自己是在给女友加油、打气，谁知晓慧听完却变了脸色，还和陈辉吵了起来，说他根本就不关心、不理解自己。

一番争吵后，晓慧恨恨地扔下一句“我们最近不要联系了”，说罢便负气而走，陈辉愣在原地，怎么都想不明白自己究竟做错了什么……

陈辉所犯的错误，正是在沟通中滥用“同情”，却没有做到“共情”。同情他人的人听上去似乎满怀热忱想要帮助对方，可实际上，他们的同情是由即刻情绪驱动的，没有经过对事实的深思熟虑，所以他们连对方是否需要帮助、需要哪方面的帮助都不知道。

比同情更糟糕的是惋惜和怜悯。惋惜表达的是对对方遭遇的一种认知，即“我知道你的处境很不好，对此我感到非常遗憾”。这种惋惜的话语听上去有一些高高在上的意味，对方不但不会接受，还有可能被激发出怨怼情绪。同样，怜悯的话也有些居高临下的感觉，会让对方很不舒服。

共情与惋惜、怜悯、同情都不同。善于共情的人，在看待问题时会暂时放弃自己的观点，以便真正走入对方的内心，设身处地地从对方的角度体会他的感受。

共情的沟通会是怎样的呢？就像案例中的陈辉，他完全可以对女友这样说：“你的感受我能懂，那么多任务都压在你一个人身上，怎能不辛苦、不烦躁？来吧，跟我说说，看看我们能不能找个好的办法渡过难关……”

这样的话语能够让晓慧知道，陈辉是理解她的，也愿意感受她的痛苦、烦恼，她自然会敞开心扉，与陈辉的情绪“对接”，如此一来，不仅沟通能够顺利进行下去，两人之间的关系也会得到改善。

通过这个案例，我们也能够进一步认识到同情与共情的差异。

而在现实沟通情境中，我们需要把握好两个关键点，才能将“不走心”的同情升格为“走心”的共情：

1. 表现出接纳的态度

心理学家曾经用这样的生动案例来描述同情和共情：

当一个人不小心掉入了幽深的黑洞，感觉恐惧、无助的时候，同情者会站在洞口，居高临下地对他说："别再害怕了，你应该努力爬上来！"

共情者却会顺着梯子来到他的身旁，告诉他："你不是孤零零的一个人，我会和你在一起。"

也就是说，共情者能够理解对方的感受，也允许对方有负面情绪存在，并会在接纳的基础上慢慢引导对方走出不良状态；而同情者却做不到这一点，他们不能接受对方的负面情绪，常常急于给出一些空洞的劝导、建议，却不会去思考对方是否需要这种廉价的帮助。

因此，我们在进行共情沟通时，一定要留心避免这种错误，要注意表现出包容、接纳的态度，甚至肯定对方的情绪。比如，我们可以这样安慰对方："难怪你会觉得如此痛苦，因为你付出的实在是太多了，换了是我，也会有同样的感觉……"这样的接纳与肯定正是与对方建立情感联结的关键一步，也是沟通中不可或缺的重要环节。

2. 辨别对方的情绪并与之交流

在建立心理联结之后，我们需要将自己代入对方的立场，从对方的角度出发进行思考，设想自己处于该种境地时会有什么样的情绪和感受。

之后，我们要用明确的词语将这种情绪描述出来，这样才能将理解和友善传递给对方。为此，我们可以使用这样的句式："我知道你现在一定……（情绪词语），这是因为……（造成这种情绪的导火索），我非常理解这种感觉，你是否愿意详细讲讲……"

比如，一位朋友在工作中遇到了挫折，你就可以这样安抚他："我知道你现在一定非常沮丧、难过，因为你的付出没有得到应有的回报，我非常理解这种感觉……"

当你说中了对方的感觉时，他会有一种获得了理解和认同的良好体验，他的心情会慢慢放松，情绪也会得到缓解，会愿意敞开心扉与你交流更多细节。

接下来，你要做的就是认真地倾听对方的情绪，再想办法一点点引导他走出阴霾。像这样的共情沟通，当然会比给予肤浅的同情更容易让对方感动。

谢绝“比惨”，善用共情来安慰他人

在别人遇到不愉快的事情时，你会用“比惨”的方式去安慰他们吗？

比如一位又累又饿的同事对你说：“我今天不得不加了三个小时的班，才完成了那个任务，都没来得及吃晚饭。”

你会不会不假思索地回答：“你这算什么？上个月我为了一个项目，连续加班两个星期……”

你想要通过强调自己的“惨”，帮助同事找到心理平衡，向他证明再难的生活都是可以熬过去的，没有什么大不了的。然而，你可能并没有意识到，同事其实并不需要这样的比惨式安慰，因为它不但达不到安慰的目的，还可能产生很多不良影响：

1.“比惨”影响了负面情绪的正常宣泄

每个人都会遇到让自己烦恼、焦虑、伤心的事情，也需要适当地宣泄负面情绪，才能减轻心理压力，预防和解决心理问题。

可是在向他人倾诉时，如果遇到了比惨式安慰，人们就不好意思再继续说下去了，因为那样会显得自己过于脆弱、过于小题大做。于是人们只能选择继续压抑负面情绪，但问题却并没有得到解决，时间长了，负面情绪不断堆积，很容易引发心理问题，还可能出现情绪失控的情况，会造成非常严重的后果。

2.“比惨”会影响人际关系的和谐

在他人心情不快的时候，如果我们用比惨式的话语去安慰他们，会让他们认为我们并没有耐心倾听他们的诉苦，而且我们也没有给予他们足够的重视，才会认为他们的痛苦、沮丧是微不足道的。所以他们不但不会感激我们的安慰，反而会觉得十分不满，更会认为我们是没有同情心的人。

3.“比惨”会影响共情力的发展

习惯比惨式安慰的人，常常会有低估他人痛苦、高估自己痛苦的问题。他们往往会有不同程度的共情缺陷，无法体会他人细微的情绪感受和真实的内心需求；一听到他人的诉苦，他们就急于用“比惨”的话语转移对方的注意力，逼迫对方自我麻痹。倘若对方不接受这样的安慰，他们更会给对方贴上“矫情”“玻璃心”之类的负面标签，不难想象这样的人会是多么不受欢迎。

既然比惨式安慰有这么多害处，我们又该如何恰到好处地安慰他人呢？心理学家建议我们可以按照以下这几个步骤去安慰对方：

1. 用倾听帮助对方缓解压力

认真地倾听其实就是一种最好的安慰方式。在倾听中，对方能够感受到我们接纳的态度，能够毫无负担地将心中的苦恼尽情吐露，这会让对方感觉压力顿消，心情也会变得轻松起来。而我们要做的是静静聆听，不要急着追问前因后果，也不要急着判断是非对错，只要给对方提供一个尽情表达的空间，就是对他们最好的帮助。

2. 给予对方情感的慰藉

在对方畅所欲言、宣泄情绪的同时，我们虽不用急着发表意见，却可以用表情、动作来表达理解、关爱之情，使对方能够获得情感的慰藉，这样的安慰方式甚至胜过千言万语。

心理学家通过研究证实拥抱可以促进催产素的释放，有助于提升个体的共情水平，所以我们可以在对方难过、沮丧的时候轻轻地拥抱他们，体会他们此时的情感，给予他们温暖和关心。

当然，这种拥抱安慰适合关系比较亲近的对象，对于其他对象，我们可以给予他们关心的眼神、温柔的微笑，也能让他们获得情感慰藉。

3. 提供切实可行的建议

在耐心地倾听完对方的遭遇后，我们还可以从自身经验出发，给对方提供一些切实可行的建议。比起空洞无力的安慰，好的建议对对方的帮助作用更大，它们能够指引对方走出迷茫、建立自信。对方甚至会迫不及待地想要试试这些建议的效果，因而能够摆脱负面情绪，恢复正常的心理状态。

需要指出的是，在向对方提建议的时候，我们一定要注意自己的语气、措辞，切勿使用说教的方式指导对方“应该”做些什么，那可能会让对方反感。所以我们最好使用商量的口吻，让对方感觉到我们的好意，他们才会由衷地对我们表示感谢。

批评时也要共情，才能减少对方的抵触心理

在生活中我们不可能完全避免批评他人的情况，但如何批评却需要我们用心思考。很多人在批评时不注意方式方法，导致批评的负面效应被放大——严重刺伤他人的自尊心，影响人际关系的和谐，引发很多矛盾和纠纷。

心理学家特丽·阿普顿曾经讲述过这样一个典型的案例。

一天晚上，一对夫妻吃完了晚饭，打算一起看一会儿电视，享受甜蜜的二人时光。

可在挑选电视节目的时候，夫妻俩却一直无法达成共识。丈夫想看体育节目，但妻子却想看一部正在热映的言情电视剧。夫妻俩为了这个问题争论起来，谁也无法说服谁。

突然间，妻子从沙发上愤怒地跳起来，指着丈夫大声叫道："你永远都是这么自私，无论做什么事情都是只图自己开心。别人的一切对你来说都不重要，尤其是我的想法、我的意愿，在你看来更是一钱不值！我再也无法忍受你了！"

丈夫露出了震惊的表情，等他反应过来后，马上对妻子反唇相讥："如果你不自私，为什么连一次球赛都不肯让我看？你只知道批评我，那么你又重视过我的想法，支持过我的爱好吗？"

就这样，夫妻俩陷入了激烈的争吵中，彼此都认为对方是自私自利、冷酷无情的人……

类似这样的情景在现实生活中其实并不少见，引发争吵的往往只是微不足道的小事，但人们却容易从小事出发对人进行“侵入式批评”和“笼统式批评”，这些错误的批评方式不但无法为对方指出明确的改进方向，还会让对方有一种被深深伤害的感觉，常常会引发严重的人际矛盾。

这里所说的“侵入式批评”，就是在批评时否认他人的感受，一味对对方进行直接、粗暴的指责。这样的批评听上去更像是在发泄自己的怒火，话语中常常会有“你怎么能这样”“你不应该这么做”之类的说法。

至于“笼统式批评”则是一种以偏概全的批评方式，是从片面的观点、局部的现象来推论整体问题，从而会得出很多错误的结论。比如案例中的妻子就因为一件小事把丈夫批评得体无完肤，对丈夫进行了全盘否定。

这两种批评方式都与共情的要求背道而驰，那么，我们应当如何进行共情批评呢？

1. 带着宽容之心看待他人的错误

生活中从来都没有完美无缺的事情，也不存在十全十美的人，所以对于他人的错误和不足我们要给予足够的宽容，不要总是求全责备，或是紧抓住对方的一个错处不停地批评，这只会让对方感到厌烦，甚至还会滋生逆反心理，使问题变得越来越严重。

比如作为上级领导，对于下属的过失给予了过于严厉的批评，毫不考虑下属是否能够接受，这样只会加重下属的挫败感，会使他们怀疑自己的工作能力，更会丧失信心和积极性。这时其实就需要领导拿出一些宽容之心，将合理的批评寓于情感中，才能让下属认识到自己的问题，还能够保护好他们的工作积极性。

2. 批评要注意刚柔并济

为了做到在批评的同时以情感人，我们还要注意刚柔并济。所谓“刚”就是在原则问题上不马虎、不含糊，要清清楚楚地向对方讲明白他们具体错在哪里；而“柔”就是要共情，要让对方切实地明白我们的批评是“对事不对人”。

我们也可以进行“回应式批评”，就是在进行评判后给对方发表看法、提出异议的机会。而在双方观点有所冲突的时候，我们应当让自己冷静下来，理性分析对方的观点，做到求同存异，而不是把自己的观点强加于人。

我们还可以帮助对方认识到问题的严重性，使他们发现我们之所以批评他们，根本目的还是帮助他们取得进步，这样对方就会受到触动，也能够以正面的态度去面对批评。

3. 学会有技巧地批评他人

善于共情批评的沟通高手不会直来直去地表达批评之意，而是会灵活使用一些技巧。比如"三明治效应"就是一种非常有效的批评方法，它包括以下三个步骤：

（1）对对方表示认同、赏识、关心之意，并指出对方的一些优点，以便减少对方的心理戒备，拉近双方之间的心理距离。

（2）对对方进行批评，注意不但要指出问题，还要给出充分的理由，才能让对方心服口服。之后要注意给对方一些良好的建议，促使他向好的方向转变。

（3）对对方进行鼓励，要表示出信任、期待的态度，并可以告诉对方自己愿意提供帮助和支持。

这样的批评对方更加容易接受，而我们不但能够达到批评的目的，还能赢得对方的好感。

4. 批评后多关心抚慰，消除情感隔膜

批评是一帖良药，也是一帖苦药，或多或少会对人们造成心理压力，并会引发不同程度的负面情绪。对此我们不妨多进行换位思考，以便充分理解对方的心情，并能够及时做好情绪疏导工作。

也就是说，在批评之后，我们一定要注意观察对方的情绪反应，然后及时地与对方共情交流，使对方能够打开心结，消除抵触情绪，批评的效果也能够真正实现。

需要提醒的是，在批评对方并获得了对方的认可和接受之后，我们还不能高枕无忧。因为我们还需要对对方进行帮助和监督，看看他们是不是能够切实改正自己的错误。在这个过程中，我们也不能忽略共情，我们可以多多感受对方的情绪变化，及时给予关心、鼓励，在发现对方的进步后还要进行表扬，这样更能够激发对方改正错误的决心，我们的批评也才能够落到实处。

学会共情式赞美，最能赢得人心

美国心理学家威廉·詹姆斯曾经说过："渴望被人赏识是人最基本的天性。"的确，人们都希望获得他人的认可和赞美，所以在人际交往中，我们应当学会恰到好处地赞美对方，这会让对方产生愉悦感、满足感和自豪感，并会对我们产生良好的印象。

不过，赞美他人并不等于说几句恭维对方的漂亮话，如果赞美过于肤浅、空洞，不但无法取悦对方，还可能引发对方的怀疑或反感。

下面就让我们来看一个失败的赞美案例。

张扬在某公司担任部门主管，他注意到一名新来的员工在工作中表现平平，也不太喜欢和同事沟通，上下班、吃午饭的时候总是独来独往。

张扬认为这名员工可能不太适应新环境，还有一些不够自信。于是他打算用赞美的方法鼓舞员工的信心，帮助他快速融入集体。

这天，员工像平常一样按时完成了工作任务，虽然表现并不出色，张扬还是亲切地对他说："小贾，你做得很不错！"

让张扬意外的是，员工并没有露出惊喜的表情，相反，他看上去有些惊讶和困惑。

张扬以为他没有听清楚，就重复了一遍，没想到员工却变得十分惶恐，还反问了张扬一句："您是不是觉得我哪里做得不够好……"

张扬出于好意，对员工表示了赞美之意，却没有产生理想的效果。究其原因，是因为他没能用心体会员工的心理需求，没能和员工建立起情感的深度联结，而是从主观角度随意地、空泛地进行赞美，自然无法打动对方。

想要避免犯类似的错误，我们就需要学会“共情式赞美”，也就是要在共情的基础上，发表真诚的、具体的、能够触动对方心灵的赞美，而这可以从以下几点做起：

1. 赞美之前先充分了解对方

有效的赞美必须建立在对对方的充分了解之上。一方面，我们要了解对方身上最值得赞美的地方，并要学会站在对方的角度看待问题，知道对方对什么最为在意，这样在赞美时才能做到有的放矢，才能将话说到对方的心坎里。比如一名新进员工想向经验丰富的同事请教问题，就提前了解了对方取得的成绩，再这样去赞美对方：“我听说您过去负责过 ×× 项目的预算工作，那可是一个难度颇高的任务，可您却出色地完成了，您一定付出了很多心血吧？”在这里，员工先是用肯定的语气赞扬了对方的出色表现，之后又用同情的语气点出自己非常理解对方的辛苦和不易，这必然会让对方感到非常愉悦，也能够激发对方沟通的兴致。

另一方面，在赞美对方前我们还需要多观察他的各种真实表现，体会对方在当时、当地的情绪、想法，理解对方的感受，才能找到最佳的赞美时机。比如对方情绪悲伤、沮丧的时候，我们的赞美就很难让对方产生共鸣；相反，对方因为某事产生了自豪感，情绪也比较高昂，我们适时的赞美就会让对方有更加明显的感受。

2. 赞美应反映真实的情绪感受

赞美应当发自内心，要反映自己真实的情绪感受，才不会让对方有虚假或牵强的感觉。比如一个人明明长相平平，我们却偏要赞美他“容貌俊雅不凡”，对方就会对我们的动机产生怀疑，甚至会觉得我们是在讽刺他。

因此，赞美时一定不能脱离客观事实，措辞也应把握好分寸，切勿进行夸大其词、言不由衷的赞美。除此以外，赞美还要注意因人而异的原则。也就是说，我们必须根据谈话对象的特点来调整我们的话语，比如对方年事已高，我们可以从他引以为荣的辉煌过去入手来进行赞美；而对于那些成功的商界精英，我们则可以从他们的事业、成就入手来进行赞美；对于那些学富五车的学者则要赞美他们知识渊博、学术能力极强……只要我们赞美得法，就能攻破对方的心理防线，之后我们抓住时机与对方进行沟通，就能够产生事半功倍的理想效果。

3. 学会“描述性赞美”

心理学家指出，赞美的话语主要有两种形式，一种是“评估性”赞美，像“你太棒了”“你表现得真不错”等就是一种评估性赞美。这种评估缺乏细节的支持，听上去空洞无力，对方不容易相信，有时还会把这当成一种讨好、恭维。

另一种是“描述性”的赞美，即在赞美对方的同时具体描述事实、细节和关键点，这样更容易让对方接受。

不妨来比较这样两句赞美的话：

“你的新裙子真漂亮！”

“你的新裙子样式很新颖，配色雅致大方，特别是领口的设计充分凸显肩部线条，把你的气质衬托得很高雅。”

很显然，这两句话中的第一句就是评估性赞美，因为缺乏足够的信息，会让人有一种敷衍的感觉，无法获得共情的效果；而第二句却对“样式”“配色”“设计”等细节和关键点进行了描述性赞美，表达出了一种发自内心的欣赏之情，这样的赞美更能打动对方的心，还能让对方难忘。

总之，赞美一定不能过于笼统或肤浅，而是要想办法激发深层次的共情，才能让对方心领神会、难以忘怀。

发自内心地表达歉意，消除对方的怒火

在自己做错事情，给他人带来不便的时候，你会向对方真诚地说声“对不起”吗？这听上去只是一句最为简单、平实的语言，却有着意想不到的效果。

美国著名心理学家哈丽特·勒纳博士就曾经这样说道：“‘对不起’是人类语言中最具有治愈力的话语。”

的确，在接收到真诚的道歉后，对方的怒火和敌意会逐渐消散，而我们自己的心理压力也会有所减轻；道歉还可以重塑自己的良好形象，也能疗愈过错给对方造成的心理创伤，因而可以有效修复和巩固人际关系。

然而，很多人明知道真诚的道歉能够解决很多问题，却不愿意这么做。下面就让我们来看一个发生在情侣之间的案例。

23 岁的雨萌最近一直很不开心，她本想利用假期和男友一起去外地旅游，还订好了机票。

没想到临出发前两天，男友突然告诉她：“公司临时安排我参与一个非常重要的项目，这周没办法空出时间了，要不你先把票改签到下周吧。”

雨萌虽然不太高兴，但也很体谅男友的不易，便按他说的办理了改签，还花了不少手续费。

没想到才过了一天，男友便急急忙忙地打电话告诉她：“之前是我记错了，公司的项目要下周才会正式启动，这周我有三天空闲时间，咱们正好去旅游。”

雨萌有些生气地说：“这么重要的事情，你怎么能弄错呢？难道我还要去改签机票吗？又要白白损失不少钱！”

男友却不紧不慢地说：“这有什么大不了的，你至于这么生气吗？你本来的计划不就是这周出发嘛，现在这样岂不是正合你意？”

男友的态度彻底激怒了雨萌，她二话不说，直接办理了退票，也让这次期待已久的浪漫旅行提前告终……

这个案例中的男友就是那种永远不懂得表达歉意的人，明明是自己做错了事情，却连一句“对不起”也不愿说。他自己没有愧疚感，也不善于共情，没有意识到对方心中愤怒的情绪逐渐高涨。更糟糕的是，他还习惯模糊重点、推卸责任，终于让女友心中的怒火攀升到了顶峰，两人之间的关系也将面临严重的危机。

在生活中，有这种问题的人不在少数，他们不愿意道歉的原因主要有以下几种：

一、他们认为道歉就像是一种惩罚，会为自己带来强烈的羞耻感。这种心理特点与他们从小受到的教育方式有很大的关系，比如小时候做错了事情，父母总是会逼着他们认错，并会对他们打骂、训斥，使他们对道歉产生了错误的认知。

二、他们认为道歉会让自己显得软弱，或是会失去某种权威性。比如父母不愿意向自己的子女道歉，领导不愿意向下属道歉，都有这方面的原因。很多时候，为了保护自己的“尊严”，他们会表现得十分顽固，拒绝承认自己犯了错，更不可能向对方表示歉意。

三、还有一类不肯道歉的人是因为有过强的防卫心理，总觉得承认错误、向他人道歉就会让自己蒙受损失，所以在被别人批评的时候，他们会立刻启动心理防御系统，要么胡搅蛮缠，要么把责任推卸给别人，好让自己“脱困”。

可实际上，道歉并没有那么可怕。能够发自内心地向他人表达歉意，并不会降低自己在他人心中的评价，相反，善于道歉的人会赢得他人的认可，也能缓解自己承受的人际压力。

那么，我们应当如何恰到好处地表达歉意呢？

1. 真诚地道歉，不推卸责任

真诚是道歉最基本的要求，如果嘴上说着“对不起”，心里却并没有真正意识到自己的错误，这样的道歉是无法打动对方的。

比如有的人喜欢在说“对不起”后，再加上一句“但是”，以便为自己找一个借口；还有的人喜欢这样说“如果你觉得是我不对，那我道歉”，这其实也是一种带有心理欺骗性的做法，是在偷偷地把责任推卸给对方，认为自己是无辜的。

这样的道歉是没有实际意义的，心理学家建议，在道歉之前，我们一定要先问明自己的感受，再尝试与对方共情，确定真正意识到自己给他人造成了心理伤害，再实施道歉的行为。

2. 具体描述自己所犯的错误，不要模糊重点

在向他人表达歉意时，我们应当清晰、具体地说明自己所犯的是什么错误，这样才能体现出真诚悔过的态度，不会让对方有一种被敷衍的感觉。

比如“我错了，不应该那么做”，这样的道歉就是不够具体的，我们一定要向对方说明到底是什么事情做错了，对方才能够感受到我们的诚意。

3. 注意道歉的时间，不要过早或过晚

有心理学家曾对道歉的时间进行了专门研究，认为道歉时间过早，对方可能会对我们的诚意产生怀疑。

但道歉时间也不能拖得太晚，最好不要超过 48 小时，否则双方对这件事的记忆都会变淡，情绪感受也不会再像之前那么鲜明，此时再“旧事重提”显然没有多大意义，所以我们一定要把握好道歉时机，才能达到理想的效果。

4. 注意道歉时的态度，做到不卑不亢

真诚地表达歉意并不意味着要对他人卑躬屈膝、低声下气，所以我们不必向对方一直不停地道歉，只要确定已经获得了对方的原谅，便可以停止道歉。

不过我们应当注意拿出有效的弥补措施来，这样对方才会知道我们的道歉并不是花言巧语，而是有改过的决心和行为，如此才能达到抚慰对方心灵、改善人际关系的目的。

给予充分理解，走进对方的内心

俗话说得好，“千金易得，知己难求”，每个人生活在这个世界上，内心深处都渴望拥有一个理解自己、欣赏自己的人。

正因为这样，很多沟通高手都喜欢打“温情牌”，毫不吝惜地向对方表达自己的关心和理解，以甘当知音的态度去与人打交道，自然有利于建立牢固的情感联结，并逐渐走入对方的内心。

下面这个案例就可以帮助我们更好地认识沟通中“给予理解”的重要性。

27岁的韩佳是一名热心的护士，深受患者和家属的喜爱。这天，韩佳走进自己分管的病房，对一位病人自我介绍道：“您好，我是您的责任护士小韩，您可以记一下我的名字，如果有什么事情需要帮忙，可以随时找我。”

韩佳的笑容是那么甜美，语气是那么温和，却没有打动病人的心。那位病人愤怒地大叫道：“记着你有什么用？能帮我缓解疼痛吗？”

韩佳当场愣住了，其他病人和家属也都用惊讶的目光望向这里，让韩佳觉得非常尴尬。可尽管如此，韩佳也没有对病人发脾气，因为她看过病人的资料，知道他之前接受了手术，术后却出现了比较严重的并发症，虽然没有出现生命危险，却承受了不少痛苦。作为一名经验丰富的护士，韩佳完全能够理解病人的感受，所以她不去抱怨什么，而是默默地给病人输液，之后又细心地整理好床铺，好让病人觉得舒服一点。

看到韩佳的表现后，病人反而觉得很不好意思。等韩佳再次来到病房时，病人强忍着身体的不适，向她表示了歉意。

韩佳连忙摇头，告诉病人自己并没有生气，她用温柔的语气说道：“谁能一辈子没有病痛呢？身体不舒服的时候，发点小脾气是很正常的事情，我非常理解您的感受，换了是我，恐怕还不会像您这么坚强呢。”

她的话语宛如温暖的阳光，照进病人的心田，让他觉得自己似乎没有之前那么难受了。

稍后，韩佳又给病人带来了一张慰问卡片，说这是自己的一点小心意，希望能够给病人一点力量。病人读着卡片上的祝福语，觉得感动极了，不断地感谢韩佳对自己的照顾，还说韩佳是自己遇到的最体贴的护士。

在这个案例中，护士韩佳之所以能够让乱发脾气的病人改变态度，心甘情愿地向自己道歉，就是因为她在沟通中给予了对方充分的理解。她考虑到病人因为身体不适，引发了烦躁、焦急等负面情绪，不断地对其进行言语抚慰，还间接夸奖了他的“坚强”，使他感受到了温暖，使病人在不知不觉中将自己看成了知己。

如果我们在日常生活中不得不和一些处于负面情绪中的人进行沟通，就可以使用这样的技巧，通过“给予理解”让对方能够将我们视为知己，之后进行沟通就能够达到事半功倍的效果了。

那么，我们应当如何沟通才能让对方将我们视为知己呢？以下是沟通高手在与各种各样的对象交流时总结出的一些经验：

1. 在沟通中进行“情感投资”

一位心理学家曾经这样说道：“在沟通中，我们要尽力体会对方的情感世界，向其表示尊重、关心、欣赏之类的感情，像这样的做法就可以称为是在做‘情感投资’。”

这样的“情感投资”看似不起眼，但它却可以帮助我们与沟通对象建立起相互理解、相互信任的关系，从而为双方打下一定的情感基础，沟通中出现的一些棘手问题也可以顺利地得到解决。

比如在上述案例中，护士韩佳在与病人沟通时，就采用了安慰、赠送慰问卡片、称赞其“坚强”等技巧，对对方进行了“情感投资”，消除了对方的戒备和对抗心理，沟通自然能够顺利地进行下去。

2. 提供出乎意料的情感关照

心理学家通过研究发现，人们在接收到意想不到的情感关照的时候，最容易被深深感动。

比如突然获得了来自陌生人的照顾和慰问，或是在意想不到的时候得到了关心和帮助，都会让原本强硬的态度发生软化，而原本严密的心理防线也有可能被撼动甚至被彻底突破。在上述案例中，这位病人本以为自己无理取闹会遭到护士的呵斥、报复，但出乎他意料的是，护士竟然用平等、友好的态度对待他，还向他表示了理解之意，这怎能不让他感动不已，他会觉得自己居然找到了一位知己。在这种情况下，难以推进的沟通也会获得转机。

3. 以情感语言促进沟通

在沟通过程中，当双方在心理上、地位上、立场上存在较大差距的时候，沟通的气氛往往会越来越沉闷，并有可能影响到沟通的最终结果。为了改变这种情况，我们不妨学习沟通高手的做法——使用一些充满情感因素的语言，甘当对方的“知己”，使双方的距离感得以消除，沟通也能够顺利进行。

比如可以使用“我非常理解你”“我很欣赏你”“我为你感到骄傲”这样的充满情感的话语，会让对方被深深打动。

心理学家还建议我们在沟通前先进行“想象预演”，也就是在脑海中想象自己要表达的理解之情和对方可能给出的回应方式，这会让我们在沟通时表现得更加自然流畅，可以让对方接收到更多信息，也更容易被我们打动。

对于那些不擅长口头表达的人，心理学家还提供了替代性的做法，就是将自己的关心和理解写在纸上，请对方阅读。书写的过程本身就是一种很好的表达方式，可以帮我们梳理情绪感受，还能够让对方对我们的感受有比较深入和直观的认识，有助于双方的情感交流。

需要提醒的是，在沟通中给予对方理解时一定要注意把握好真诚、适度的原则，否则，过于刻意、生硬地表达自己的情感，不但无法感动对方，还会让对方怀疑我们的用心，结果就会弄巧成拙，这种情况是我们应当注意避免的。

不必事事说破，不妨把优越感让给别人

在现实生活中，大多数人都会不同程度地拥有自己的优越感，这是一种自我意识，指的是人们认为自己在生理、心理或其他某个方面优于他人，因而会产生一种类似于自负的感觉。

奥地利心理学家阿德勒指出，追求优越感是人的总目标，具有优越感的人，常常会用高傲、固执、自我欣赏等方式来表现这种心理状态。

对此我们要有一定的认识，在沟通中不必事事说破，而是可以将优越感让给对方，这样才能让对方有更多的满足感、愉悦感，我们也可以借此与对方建立情感联结，实现共情沟通。

在下面这个案例中，一位情商极高的女主持就成功地做到了这一点。

有一次，一位女主持和一位著名的外科医生一起参加一个医学访谈类节目。医生专业知识非常丰富，可就是缺乏临场经验，一走上舞台，就情不自禁地脸红、紧张，一开口就把台词说错了，台下的观众不禁发出了哄笑声。

此时医生觉得十分尴尬，他脸涨得通红，一句话都说不出来。女主持赶紧给了他一个安慰的眼神，又笑眯眯地走到台前，对观众说："今天能够来到这里，我觉得特别荣幸，因为我能够和一位享誉国内外的著名医生站在一起，这样的机会可不是什么人都有的。我一直特别佩服那些优秀的医生，你看，给他们一支话筒，他们就能上台演讲；可要是给我一把手术刀，就是逼着我，我也不敢上手术台啊……"

这一番话说完，台下立刻响起了掌声和善意的笑声，观众都被机智的女主持逗乐了，之前的尴尬气氛一扫而光。那位医生也跟着笑起来，心中对女主持充满了感激之情，在节目结束后，他还再三向女主持道谢。

善于共情的女主持在第一时间察觉到了医生紧张、尴尬、羞愧的情绪状态，但她并没有直接说破这件事，因为那样只会让医生更加无地自容。

为了帮医生走出不良心理状态，她拿自己打趣，以贬低自己的办法把优越感让给了医生，让医生能够体面地“下台阶”。医生感受到了她的关心和善意，对她自然十分感激。

不过，并不是所有人都能像这位女主持这样做到游刃有余地共情沟通。在下面这个案例中，一个年轻女孩因为不懂将优越感让给别人，引起了别人的反感。

小琼去参加朋友的聚会，在聚会上，她看到一个帅气的男孩正在为大家表演魔术。小琼的朋友告诉她：“这个男孩叫晓峰，不但长相英俊，还特别有才，他变魔术就是一绝，咱们一起去看看吧。”

小琼平时对魔术也很感兴趣，还下功夫研究过一些简单的近景魔术，所以她一眼就看穿了男孩的手法，脸上也露出了轻蔑的微笑。

一个魔术变完，大家都鼓起掌来，有个女孩还大声赞美道：“晓峰，你真是太厉害了！”晓峰也高兴地接受着大家的夸奖，心中感觉美滋滋的。

小琼却忍不住开口了：“这个魔术其实非常简单，只要……就能达到这样的效果。你的手法不太利落，刚才……的时候反应有点慢，这样的表演也就只能骗骗不懂行的人……”

她这几句话让所有人都陷入了沉默，原本热闹、快乐的聚会氛围也变成了一团尴尬，晓峰更是觉得十分惭愧，脸上红一阵白一阵的。

小琼的朋友十分无奈，连忙向大家道歉，嘴里说着：“我朋友小琼性子直，不太会说话，大家多多包涵。”

之前大声夸奖晓峰的女孩却不乐意了，她生气地说：“性子再直也不能乱说话呀，我们的聚会不欢迎这种人，请你赶紧离开！”

“对！赶紧走！”“没错，怎么把这种人请来了？”其他人纷纷附和。

面对大家的指责，小琼无力争辩，只好灰溜溜地从聚会现场离开了……

案例中的小琼显然不明白什么叫“看破不说破”。其实在场的众人真的全都看不出晓峰的手法有问题吗？未必！但是他们都很默契地保护着朋友的自尊心，把优越感让给朋友，这是一种高情商的表现，也必然能够赢得良好的人缘。

小琼却只知道把优越感留给自己，殊不知在她急着“秀优越”的同时，却破坏了别人的自尊和自信。而且她说话只图自己愉悦，不顾别人的感受，这也是一种不懂共情的表现。像这样去沟通，只会让自己在不知不觉中成为“众矢之的”。

对比这两个案例，我们至少可以学到以下几点：

1. 在沟通中要少展示自己，多给对方展示的机会

心理学家指出，优越感是一种自我安慰的良药，它能够让人摆脱自卑感、失落感，所以人们总是在孜孜不倦地从各个方面追求优越感。

考虑到这种心理需求，我们在沟通时就要注意少展示自己的长处、优势，特别是我们的某种长处恰好是对方的短处时，就更应当避免提及。比如自己在身材方面有优势，就应当避免在身材不好的朋友面前提到这个话题，以免破坏对方的优越感。

与此同时，我们应当制造一些机会，让对方能够展示优越感。比如可以主动提起对方的优点、取得的成果等，当对方的自尊心得到充分满足时，就会觉得和我们沟通是一种非常愉快的事情。

2. 不必事事说破，避免攻击对方的优越感

在沟通中，如果发现他人正在努力为自己寻找优越感时，我们不必刻意说破，更不要说一些“揭穿”对方的话语，否则只会伤害对方的情感，也容易引发矛盾。

比如一位朋友使用修图软件，将自己的自拍照片修饰得美丽动人，再发到朋友圈，低情商的人会立刻“说破”——留言道：“这修得都不像你了。”可想而知朋友看到这句话后会有多么不满。

而高情商的人却会点赞并夸奖一句："最近你的状态真不错。"这就是一种"看破不说破"的智慧。

3. 适度自嘲，满足对方的优越感

想要满足对方的优越感，适度自嘲是个不错的办法。心理学家将自嘲分为"自我增强式"和"自我贬低式"两大类：前者指的是以无伤大雅的方式开自己的玩笑，能够向他人传递出乐观积极的心态；后者指的是放低身段，用谦逊的话语评价自己的特点或行为。

我们在与他人沟通时，可以适当选用"自我贬低式"的自嘲法，然后顺势抬高他人，比如本节案例中女主持人的做法就属于这一种。这种自嘲既能够满足对方的优越感，又能表达对对方的尊重之情，会让对方欣然接受，并愿意和我们进行更加深入的沟通。

对于我们自己来说，适度自嘲也有不少好处。美国加州大学的一项研究表明，能自嘲的人往往具有更加鲜明的个性品质和更高的心理健康水平。自嘲能够帮助我们转移负面情绪，实现心理调节，还能为我们赢得更多的社会性支持，并可帮助我们缓解人际矛盾，增强人际关系，所以我们不妨在沟通中巧用自嘲的办法，让它成为共情沟通的一种润滑剂。

第七章

给予支持，在共情沟通中引导、激励他人

开启“双向沟通”，有来有往才能形成互动

按照是否能够获得及时的反馈，我们可以把沟通分为单向沟通和双向沟通两类。单向沟通就是我们发出信息，对方只是被动地接收信息，却不做或很少做出回应。这样的沟通速度较快，但是对方却没有发表反馈意见和表达自我情感的机会，无法产生参与感，也不可能和我们建立起比较紧密的联系。

因此，想要与对方共情，我们就需要引入双向沟通，也就是要调动对方的积极性，使对方产生平等感和参与感，对沟通增强自信心和责任心。与此同时，沟通双方之间的距离也会拉近，沟通的效果会大大提升。

下面让我们来对比两个沟通案例。

案例 A

24 岁的刘杰是一名年轻的销售员，他是一个非常自信的人，认为自己有出色的口才，只要好好表现，一定能够征服客户的心。

销售主管也想给他一个锻炼的机会，便带着他一起去拜访一位大客户钱总。一见到钱总，刘杰就迫不及待地拿出了样品，滔滔不绝地给钱总介绍起来。

刘杰的表达能力确实很不错，他说话有条有理，把产品的功能、设计亮点讲得清清楚楚，又和市场上流行的几款产品进行了对比，着重突出了本公司产品的优势，看上去没少做准备工作。

可他只顾自己口若悬河地介绍，却没有注意到钱总有好几次想要开口讲

话，也没有发现销售主管在一直对自己使眼色……

就这样，刘杰一直讲到口干舌燥才停下来，他自认为表现不错，还自信地对钱总笑了笑，觉得钱总一定会跟自己签单。

谁知钱总早已失去了耐心，他沉着脸道："我忽然想起来今天还有点事，就谈到这里吧。"

说完钱总拂袖而去，刘杰愣在了原地，不明白事情为什么会变成这样。

案例 B

马军在某公司担任部门主管，最近一段时间，他注意到下属陈曦工作积极性不佳，业绩表现较差。

陈曦是马军亲自面试的员工，虽然经验不多，但陈曦对待工作一直认真负责，和同事相处得非常和谐，而且他上进心很强，愿意承担一些有难度的工作，所以马军对他很是器重，没想到他这一个月却像变了个人似的，让马军觉得很是失望。

马军决定和陈曦好好沟通一番，于是，他选择在下班后留下陈曦，打算和他好好交交心。谁知陈曦却表现出了明显的回避态度，要么沉默不语，要么用"嗯""哦"之类的语气词来敷衍对话，致使沟通无法顺利推进。

马军有些生气，但他马上意识到陈曦可能有什么难言之隐，便鼓励他道："小陈，你有什么困难，或是有什么要求，都可以大胆地说出来，不要有什么顾虑。"

陈曦受到鼓励后，有些胆怯地说："我……我有一个小问题……"

马军温和地说："没关系，小问题也要讲出来，千万别闷在心里。"

陈曦感觉到了马军的善意，心情慢慢放松下来，他大着胆子说："我听说咱们部门有一个出国进修的名额，我很想争取到这个好机会。"

说到这里，陈曦不好意思地说："您可能会笑话我，毕竟我的资历跟同事们没法比，就算我再努力，这种好事也轮不到我……"

马军并没有嘲笑或者责备陈曦，而是耐心地说："我非常理解你的心情，像这样的问题你应该早点向我提出来。你放心吧，公司选拔人才一向是能力为先，不会只看重资历，我相信上级会仔细审查的，如果你的表现非常优秀，我也会向上级推荐。更何况公司还有其他的晋升机会，就算这次错过出国进修，你也不必灰心丧气。”

马军的态度让陈曦十分感动，他连说了很多遍感谢的话语，又保证自己一定会好好表现，之后他果然恢复了刚进公司时的状态，让马军感到非常欣慰。

心理学上有一条“焦点效应”，也叫“聚光灯效应”，是说人们往往会将自己当成一切的中心，并会高估周围人对自己的注意程度，而这也反映出人们有一种渴望获得他人关注的心理需求，若是我们能够适当满足这种需求，就会让沟通效果变得更加理想。

在案例A中，销售员忽视了对方的心理需求，他只顾着自己表达，没有留给对方开口的机会，致使沟通变成了“独角戏”，对方也觉得自己没有获得足够的重视，所以才会生气地离场。

而在案例B中，我们可以看到，沟通对象因为有心结，在最初不愿意做出及时反馈，使得双方之间的交流变成了消极的“单向沟通”。好在马军是一个沟通高手，他意识到了问题后，马上想办法鼓励对方的反馈意愿，在对话中采用了鼓励、安慰、表示认同等多种技巧，同时还向对方表示了自己的尊重和理解。对方接收到了这些友善而积极的信号后，减少了很多不必要的顾虑，也愿意将自己心中的问题讲出来以获得帮助。这样的沟通有来有往，形成了双向互动，最终也取得了对双方都有利的结果：马军成功地激励了下属，下属也为困扰自己的问题找到了答案。

由此可见，我们在沟通中应当追求双向互动，也就是说，不但要保证信息传递给对方的渠道通畅无阻，还要让对方将信息传回的渠道也畅通，以便形成双向循环，这样信息的交流和情感的传递才会更加准确和完整。为此，在沟通中我们应当始终注意以下两点：

1. 提醒对方积极反馈

如果对方在沟通中表现得非常消极，只是被动地接收我们发出的信息，却很少或从不做出反馈的话，我们一定要及时对其进行必要的提醒，以促使对方发表反馈意见，否则沟通的效果就难以保证了。因为我们无法确定对方是否完整、准确地接收到了我们所说的信息，如果放任不管的话就很容易造成误解。

比如我们向下属发出指令时，就应当提醒一下下属“你对这个任务有什么看法”“你准备采取什么样的措施”“你有没有什么觉得困难的地方”，然后再根据下属的反馈给予应有的指导。相反，如果没有得到下属的反馈就任由他们去执行，最终的结果就很可能与我们的期待大相径庭，而这就是缺乏双向沟通造成的结果。

2. 认真对待对方的反馈并马上给出答复

在获得了对方的反馈后，我们还应当表现出足够的重视，并要尽可能给对方相应的答复。如此一来，沟通才变得有来有往。遗憾的是，在现实的沟通情境中，有不少人却忽略了这一点，他们对待沟通对象的反馈过于轻慢，有时对方给出了反馈，他们却轻描淡写地说一句“知道了”“好吧”之类的话语，听上去就像是在敷衍对方，这自然会打消对方反馈的积极性。而正确的做法是像本节案例中的沟通高手一样，用具体、明确的语言告诉对方“我很重视你的反馈，我会马上想办法解决这个问题，不会让你失望”，这样的态度显然会产生十分积极的作用，会成为双向沟通的润滑剂。

当然，为了促进双向沟通，我们还需要采用一些切实有效的技巧，比如用巧妙的问题来引导对方的思路，用友好协商来提升对方的积极性，用换位思考来促进更多的反馈，等等。掌握了这些技巧后，我们在沟通中遇到的障碍就会变少，沟通的目的也会更加容易实现。

传达“高期望值”，塑造对方的感知

在共情沟通中，我们可以通过态度、语言、表情传达自己对他人的“高期望值”。这种“高期望值”能够触动对方的心灵，会让对方获得积极的感知。

“我是备受期待的”“我应该拿出更棒的表现”，对方会很自然地产生这样的想法，因而有助于提升自我效能感，摆脱自卑、沮丧等负面情绪。

相反，若是我们在沟通中不考虑对方的感受，一味打压、贬低对方，表现出对其能力的不信任、不认可，就会让对方的心态受到不良影响，也会让对方的表现出现明显的退步。

在下面这个案例中，一名新进员工就遇到了这样的问题。

何方是一名新进员工，他本是从重点大学毕业的高才生，在面试中也表现出了出众的才华和能力。可是入职三个月以来，他一直表现平平，让领导感到非常失望。

其实何方也有不少苦衷。刚进公司时，他被安排到了A项目组，当时他工作态度十分积极，很快就熟悉了工作流程，还做了一个自我感觉不错的项目方案。可当他兴冲冲地将方案呈交给项目负责人刘经理时，却遭到了刘经理的全盘否定。

何方心中产生了强烈的挫败感，但他也提醒自己：“我毕竟是个新人，没有什么经验，经理对我不信任是很正常的，我应当更加努力地证明自己的价值。”

于是他认真地将方案重新修改了一遍，还礼貌地请刘经理指出问题在哪里，谁知刘经理还是不客气地否定了他。这让他对自己产生了更多的怀疑，认为自己确实是能力不足，才得不到经理的认可。

回到自己的工位后，他还是仔细地将方案修改了一遍，确保达到自己的最高水平，这才再一次来到刘经理的办公室，哪知刘经理又劈头盖脸地训斥了他一顿，让他深受打击。

从那以后，他的工作态度发生了巨大的变化，每天都显得没精打采，对待工作随意敷衍，有时还会出现失误……

在这个案例中，领导刘经理不信任新员工的能力，在沟通中表现出了对员工的“低期望”；同时他也不注意体察员工的情绪变化，采用了非常粗暴的沟通方式，让员工的自尊心、自信心一次又一次受到打击，最终员工“如他所愿”，成为一个工作敷衍、得过且过的人。

这种情况本来是可以避免的，如果刘经理学习过心理学中的“皮格马利翁效应”，就不会用这样的态度去对待一名充满干劲的员工。

“皮格马利翁效应”来源于一个美丽的希腊神话：有一位名叫皮格马利翁的国王，很擅长雕刻石像。但是他的感情生活却很不顺利，他曾发誓永不娶妻。

然而有一天，他雕出了一尊美丽的少女雕像，并情不自禁地爱上了自己的作品。从那以后，他将自己的全部心血、情感都倾注于这尊雕像上，每时每刻都期望着雕像能够变为真人，成为自己的妻子。最终，他强烈的渴望打动了爱神，雕像被赐予了生命，变成了一个真实的少女，皮格马利翁的爱情也有了最美好的结果。

心理学家经常引用这个故事，提醒我们重视期望的重要性。根据心理学家的研究，期望主要是通过潜意识和心理暗示来影响人的心理活动。

当我们向他人传达较高的期望时，对方的潜意识会接收到良好的信号，而潜意识会在不知不觉中影响意识，驱动对方向着我们期望的方向采取行动；与此同时，我们的期望还会让对方形成良性的心理暗示，他们会认为自己的存在是有意义的，自己的能力是获得了肯定的，所以他们会变得更加自信，情绪会更加积极，和我们之间的关系也会更加亲密而和谐。

了解了期望的心理作用机制后，我们又该如何向他人传达“高期望值”呢？

1. 了解对方的期望

无论是面对下属、同事，还是家人、朋友，我们在进行沟通之前，都应当先通过共情了解对方最期待的究竟是什么。只有这样，我们才能知道自己是否能通过传达期望来引导和激励对方。

这一点是非常重要的，因为有时我们所察觉到的只是自己期望察觉到的东西，我们固有的心智模式会让自己做出错误的判断，会认为某些事情应当是对方需要的，可沟通的结果却会与我们一厢情愿的想法相反。

因此，我们一定要学会设身处地地思考问题，才能确保对方可以接收到我们传达的“高期望值”，并能够真正受到触动。

2. 表达自己的期望

了解了对方的期望后，我们可以用“我相信你……”“我希望你……”等句式清楚地表达这种期望。

比如一位领导想要安排下属主管去管理某个生产车间，但这位主管却产生了犹豫心理，认为管理这样混乱的车间会“吃力不讨好”。此时领导可以先分析主管的期望，考虑到主管是一个上进心很强、渴望在事业上更上一层楼的年轻人，领导就可以这样传达期望：“我相信你能够胜任这份工作，管理好这个车间能够体现出你的能力，也能为你下一步的晋升打下不错的基础。”

像这样传达自己的殷切期望，不但能够打消对方的疑虑，还能够鼓舞对方的勇气和信心，促使对方积极地行动起来。

当然，在传达期望时，我们要考虑到对方的实际能力水平，要提出符合对方条件的期望，而不是“过度期望”。毕竟，传达“期望”的目的是推动对方进步，而不是向对方施加心理压力，这也是我们在沟通中应当注意的一点。

不说“你应该”，命令式说教只会引发反感

在沟通中，有的人常常喜欢用“你应该……”的句式发表自己的看法和意见，觉得这样说更能体现出自己的权威性、专业度。然而，“你应该……”句式却会让对方有一种被命令、被说教的感觉，会让对方产生强烈的反感。

下面这个案例中的上级常常把“你应该……”挂在嘴上，引起了同事们的不满。

28 岁的吴江是某公司的部门主管，他虽然年纪轻轻，工作表现却很出色，深得上级的器重。可在办公室里，他却有一种被孤立的感觉，觉得同事都不愿意理睬自己。

在吴江看来，同事这么做都是出于嫉妒心理，可事实却并非如此。原来，吴江是一个责任心超强的人，自从他升任主管后，就一心扑在业绩上，希望拿出一份漂亮的成绩单。那段时间，他每天早上总是第一个到办公室，晚上也是最后一个离开。他加班加点、没日没夜地工作，也很自然地希望同事们都能像自己一样尽职尽责。

可是，同事们的表现却让他很不满意。有个女同事喜欢在上班时间串岗，到另一个同事那里闲聊，两人还不时发出笑声，让吴江觉得十分刺耳。这时吴江就会气呼呼地走过去，指着女同事不客气地说：“现在是上班时间，你应该回到自己的座位上好好工作，有什么话下班后再聊！”

女同事比吴江大几岁，也比他早入职几年，被他这么一番教训，觉得很

没面子，不禁带着怒气跟他争执了几句，吴江也不依不饶，开口闭口都是“公司制度不是摆设，你作为公司一员，就应当自觉遵守”。

看到两人越吵越凶，有好心的同事前来劝解，让吴江别为小事动气。吴江却不领情，还抢白同事：“这怎么能是小事呢？我看你们都有这方面的毛病，应该改改懒散的作风，不然我们部门的业绩怎么提升？”

一句话说完，办公室里的气氛顿时降至冰点，每个同事都绷着脸、不出声，心里多多少少都对吴江产生了怨言。

类似这样的事情发生过几次后，吴江在办公室里彻底没了人缘，大家都在背后嘀咕他“假正经、假积极”，谁都不愿和他主动说话……

吴江为了部门发展对同事要求严格，出发点本是好的，但他在沟通中却出现了很多错误。

首先，他不懂得共情，在沟通中没有考虑到同事渴望得到尊重的心理需求，采用了居高临下的态度和充满攻击性的措辞，严重伤害了同事的情感。

其次，他还有习惯性以己度人的问题，总觉得“我都能这样做，别人也应该如此”，所以他话里话外常会用到“你应该……”的句式，没有给对方留下选择的余地，让对方感觉很不舒服。

“你应该……”句式的背后藏着一种非常典型的认知缺陷——应该思维。有这种思维的人会对自己和他人有一种过高的期待，比如他们会像吴江这样觉得他人理所应当做到他要求的事情，而当事情的发展不如自己的心愿时，就会感到很不满意，会对他人质问、苛责，并会在言语中流露出强烈的愤怒、抱怨情绪，严重影响人际沟通的正常进行。

因此，心理学家提醒我们，在沟通时一定要注意摆脱应该思维，而这要求我们必须学会承认这样的事实：这个世界并不是按照我们制定的规则运转的，很多事情的发展方向是我们无法控制的，很多人也不会心甘情愿地按照我们的想法行事，所以我们不必强求。

在工作和生活中，我们要学会“一分为二”地看待问题，即将自己的注意力从无法控制的事情上移开，转向那些自己能够控制的事情，这样就不会总是觉得自己的人生充满了各种不如意。

另外，在与他人沟通的时候，我们应当有意识地提醒自己不要使用“你应该……”句式。如果希望他人做某事，可以从对方的情绪和心理出发，采用对方更容易接受的说法表达。

比如对方很有主见、好胜心强、不喜欢接受他人的说教，我们就可以将“你应该……”转换为商量的语气，将选择权交给对方。比如看到对方上班闲聊时，就可以委婉劝告道：“工作太累确实需要放松，不过我们还是把休息时间错开一下，大家说怎么样？”或是：“工作的时候集中精神才不会出错，作为同事，我们都互相体谅一下好吗？”这样的说法不会过于直白，而且考虑到了对方的感受，对方即使并不赞同我们的观点，也不会产生强烈的抗拒心理，沟通才能够顺利进行下去。

再如对方比较敏感，遇事容易多想，我们也要考虑对方的这种性格特点，将带有指责性质的“你应该……”转换为更有温度的说法，像“我真心希望你可以……”“我相信你能够……”，等等。这些句式会让对方感受到我们对他的良好期盼，无形中会给他一种鼓励，使他愿意接受我们合理的建议而不是生硬的命令。

总之，在与他人沟通时，我们需要先进行共情，再选用最适合对方的话语技巧表达，才更容易被对方接受。

少说“为什么不”，别帮对方复习不这么做的理由

在说服他人时，很多人都会犯一个错误，就是想将自己认为正确的观念“灌输”给别人，好让别人能够自然地改变想法。

但很多时候，这种自以为是的说教不但无法产生作用，还有可能让对方感到非常厌烦。比如有的人总喜欢将“你为什么不……”的句式挂在嘴上，好像是在告诉对方“你没有这么做，实在是太差劲/太愚蠢了”。对方听到这样的话语后很容易产生烦躁、不服气的感觉，也会让彼此间的关系变得非常紧张。

不妨来看看下面这段发生在同事之间的对话。

一天午休时，小周看到同事老谭在楼道里吸烟，便皱着眉头问道：“老谭，你的烟瘾又犯了？”

“是啊，抽根烟让自己清醒一下。”老谭笑着回答。

小周却摇头道：“老谭，你为什么不戒烟呢？”

老谭愣了一下，摇着头说：“我已经养成习惯了，没想过要戒。”

小周却不依不饶地说：“你为什么不试一试呢？”

老谭已经有点不耐烦了，随口说道：“没试过。”

小周却没有感觉到老谭的情绪变化，他带着惊讶的表情说：“你难道不担心吸烟会损害你的身体健康吗？”

老谭态度冷淡地说：“还好吧，我挺健康的。”

小周还是不肯放弃劝说：“吸烟对他人也有不好的影响，你难道不担心别

人会对你有看法吗？”

一句话让老谭忍不住冷笑起来：“是你对我有看法吧。”

小周吓了一跳，连忙解释：“我不是这个意思。老谭，你相信我，我真的是一片好心……”

在这段对话中，小周就犯了不少错误。他想要劝说对方戒烟，在他看来，这是一件对对方和他人都有好处的事情，所以他理直气壮地使用了“为什么不……”“难道不……”的句型，一次又一次告诉对方“你做错了”，但这无疑是在打击对方的自尊心和自信心，难免会触怒对方。而不懂共情的小周没有体察到对方的情绪变化，还在喋喋不休地逼问，导致这场沟通陷入了僵局。

而与小周交谈的老谭是一个很有主见的人，他有足够冷静、清醒、理性的自我意识，更倾向于朝着自己的方向前进，不会随意迎合别人的期望，所以小周采用这种直接引导的方式是不可能让他改变主意的。

这个案例也提醒了我们，在沟通中要尽量少说“为什么不”，避免让对方不断复习自己不这么做的理由。事实上，如果我们想让别人听从自己的劝告，可以采用更加巧妙的方法：

1. 先认同对方的观点

人们都不喜欢被他人否定的感觉，如果我们一开始就对对方说“不”，很容易引发对方的抗拒心理，会给之后的沟通造成很多困难。

因此，我们不妨先从认同对方做起，当然这并不是说我们就要放弃自己的立场，而是要从对方的观点中发现“合理的一面”，对此表现出支持的态度，使对方能够放下心理戒备，之后我们就可以和对方探讨他的观点中“不合理的一面”，这样对方更容易接受。

2. 体察对方的感受

成功的劝说离不开共情，我们应当细心体察对方的情绪变化，如果意识到对方情绪不快，就应当立刻停止徒劳的劝说，避免引起争执。

而在对方情绪愉悦、愿意和我们进行深入沟通的时候，我们就可以抓住时机因势利导，让对方心悦诚服地接受我们的意见。

3. 给予对方选择权

当我们用“为什么不……”之类的句型去沟通时，其实是剥夺了对方的选择权，让对方认为自己不得不按照我们的思路行事，所以对方会有一种不舒服、不情愿的感觉。

心理学家建议我们改变这种不良沟通习惯，学会将选择权交给对方。比如我们可以在提出要求后，再加上一句“当然你可以选择接受或不接受”。

虽然这只是一句很简单的话语，却会让对方有截然不同的感受，对方会认为整件事完全在自己的掌控中，不会产生被冒犯、被压制的心理，所以他们会更加认真地考虑我们的要求。

表达不同意见时，试试说“很赞同……当然……”

在沟通中，很多人都有一种不好的习惯：在别人陈述自己的观点时，他们会直截了当地说“你说得不对”，接着便会迫不及待地说出自己的想法，试图去纠正对方。这样做会让对方感觉很不舒服，有时还容易引起争执，严重影响人际关系的和谐。

那么，沟通高手又会怎样做呢？即使并不赞同对方的观点，他们也会认真倾听其话语中的真正意思；如果想要表达不同意见，他们常常会使用“我很赞同你的观点，当然……”这样的句型，这个小细节看似不起眼，却常常能够起到意想不到的作用。

在下面这个案例中，一位上司就在沟通中很好地应用了这种方法。

一天，胡经理正在办公室工作，员工小沈推门进来，不好意思地说：“胡经理，打搅您一下，我想给咱们部门提几个建议。”

胡经理是个通情达理的领导，他态度和蔼地对小沈说：“没事，你说吧。”

小沈在胡经理的鼓励下，畅所欲言道：“我觉得部门工作流程还有改进的余地，做事应当明确责任，该是谁的问题就是谁的问题，不能推诿敷衍；还有，我觉得部门浪费问题有点严重……”

胡经理认真地倾听着，待小沈说完后，点头道：“小沈，你提的这几个问题都很关键。你能想到这些事，说明你对工作很用心，我对你的态度非常满意，也很赞同你的观点。”

接下来，胡经理很自然地补充道："当然，你要是能够把建议再细化一下，想一想具体的解决办法，我觉得效果会更好。"

小沈马上听明白了胡经理的意思，知道自己提的建议过于空泛、不够具体，但领导之前的夸奖让他非常高兴，所以他也能够接受这种意见。在离开办公室的时候，小沈面带笑容，决定认认真真地做一份方案，回报胡经理对自己的器重。

我们不妨想象一下，如果胡经理在沟通时没有耐心，也没有表现出对员工足够的尊重，还没等员工说完，就急着否定，那肯定会伤害员工的情感，也会打击他的工作积极性。幸好胡经理并没有这么做，深谙共情沟通真谛的他，在提出不同意见时采用了"很赞同……当然……"句型——先对员工的提议表示接纳，再巧妙地引出了自己的想法，充分照顾了员工的自尊心，不会让员工觉得没面子。

"很赞同……当然……"是一种非常简单也很有效的沟通话术，它可以分为以下两个部分：

1. 向对方表现出接纳的态度

无论对方所说的观点我们是否认同，都应当先用心聆听，理解他的用意，并要表现出接纳、支持的态度，这样能够创造一种"安全"的沟通氛围，可以避免很多不必要的争执。

2. 自然地添加新的信息

在表现接纳后，我们可以自然地引出自己的想法，因为有了之前的情感和氛围铺垫，对方更容易理解并接受我们的想法。

比如朋友提议晚上聚餐，我们就不应该直接否定："我都累了一天了，不想出门。"而是可以这样对朋友说："我也有这个想法，毕竟咱们很久都没有聚过了，当然，聚会时间定在周末会更轻松一些。"这样朋友就会开始思考你添加的新信息——把聚餐时间改在周末，而不会因你没有答应他的提议感到不快。

这就是"很赞同……当然……"的魅力所在，我们可以在各种沟通场景中灵活地运用这种技巧，但是要注意把握好以下两点：

1. 不要把表示接纳等同于全面肯定

在使用“很赞同……当然……”句型时，要注意表现出接纳的态度，但这并不意味着必须全面认同、肯定对方的观点，也就是说，这里的接纳可以进一步理解为“我不能完全同意，但是我理解你”。

比如一位同事在会议上做了糟糕的发言，还想问问我们的看法，这时我们不妨这样说：“我觉得你的发言内容比较充实，说明你做了大量的准备工作；当然，你要是在结构方面进行调整，分点叙述的话，听起来会更加清晰明了。”

在这里，我们并没有全面肯定对方，而是指出了对方的发言有结构不清楚的问题，但因为采用了技巧性的语言，就会显得更加“中听”。

2. 不要忽略了“当然”后的内容

在采用“很赞同……当然……”句型时，我们还容易出现一种错误，就是只表示出接纳的态度，却不贡献信息增量，不提出具有建设性的意见，这不但对解决问题没有帮助，还会让沟通无法进行下去。

比如伴侣询问我们：“这件衣服你觉得怎么样？”我们回应了一句“挺好的”，就没了下文。因为我们没有添加新的信息，沟通只能戛然而止，对方也会觉得很不满意，会认为我们是在随意敷衍，所以我们应当根据对方的心情提供一些信息。比如对方看上去对衣服很满意，但衣服的领口设计却有一点小问题，我们就可以这样回答：“这件衣服我觉得很适合你；当然，如果你能够在领口系一条风格典雅的小丝巾，相信效果会更好。”

用这样的说法，既能够委婉指出问题，又不会让对方感到失望，对方还会欣然接受我们提出的建议，沟通便能达到理想的效果。

减少负面信息的传递，让对方更容易接受

人们都不喜欢听到自己被否定、被拒绝、被贬低之类的负面信息。这类信息很容易激活个体的自我防御机制（个体在面临挫折或冲突的紧张情境时，会自觉或不自觉地采取某些措施减轻心中的不安，恢复心理平衡与稳定，这就是“心理防御机制”），会让人变得情绪激动、愤怒，还想要为自己辩解，而这无疑会让沟通走向僵局。

为了避免这样的情况，我们在沟通时应当尽量与对方共情，多体会对方的想法，少传递会让对方不开心的负面信息。即使我们想要表达否定、拒绝对方的意思，也不能使用消极的、负面的词语，而是可以技巧性地转换说法，让对方更加容易接受。

不妨来看看下面这个案例。

26 岁的丽娟在一家电商公司的客服部门工作，她对待客户体贴、周到，经常能够得到客户的好评、领导的嘉奖，也让同事陈云十分羡慕。

陈云做这份工作只有几个月时间，却已经苦不堪言，她自己也觉得非常奇怪，为什么总是三言两语就会把客户惹怒，有时还会遭到客户的投诉。

这天，陈云接待了一名新客户，他不熟悉购买流程，人又在偏远地区，便询问陈云是否能够“货到付款”，陈云随手打下三个字：“不可以。”

客户还不肯放弃，又询问能否改发邮政包裹，陈云觉得麻烦，便回复道：“发不了。”

但客户对产品确实非常喜爱，有强烈的购买欲望，又追问了陈云几个问

题，她实在按捺不住心中的不耐烦，不高兴地回答："这个问题我已经说了很多次，不能发就是不能发。"

陈云生硬的态度终于激怒了客户，他一气之下拨打了店铺服务电话，投诉客服态度差、说话不客气。

客服主管也非常生气，马上向客户道歉，并安排丽娟来接待客户。对于同样的问题，丽娟是这样回复的："非常抱歉，我司暂时没有开通货到付款服务，给您带来了不便，还请您多多谅解。我司目前虽然还没有与邮政合作，但我们会破例为您提供服务，不过包裹递送的速度可能比较慢，需要您耐心等待一下，您可以接受吗？"

丽娟亲切的语气、温柔的语调抚平了客户的不满情绪，他高兴地回复道："可以接受！"之后，客户还给了丽娟一个大大的好评，夸奖她服务专业到位，值得信任。

分析这个案例，我们可以发现，同样的意思用不同的方式表达，对方接收到的信息也会大不相同。陈云在话语中使用了"不可以""发不了""已经说了很多次"等消极词语，传达出的是不耐烦的态度，也让客户有一种不被尊重的感觉。

丽娟却采用了截然不同的说法，比如"暂时没有""破例""可能比较慢"等，不但听上去更加委婉，还表达出了对客户的充分重视。客户会认为丽娟是真心为自己着想，在尽一切可能帮自己解决问题，这样的沟通方式自然会让客户欣然接受。

类似的例子在工作、生活中随时可见，这也提醒了我们，在共情沟通时要细心打磨自己的语言，尽量少使用消极的或不确定的词语，以避免传递负面信息。

为此，我们可以从以下几点做起：

1. 尽可能减少全面否定性质的表述

全面否定性质的表述有"不可能""不可以""没办法""从来不""做不到"等，我们不妨代入对方的角度，去共情一下，就会发现这类消极词语听上去非常生硬，会给人以强烈的压迫感，也很容易引发抵触情绪。

所以我们应当将它们转化为更加委婉的说法，比如"不可能""做不到"就可以转换为“可能会有些困难”，此时话语中透露出的就是一种积极的思维和积极的态度，对方会更容易接受。

2. 慎重使用转折词

心理学家马歇尔·卢森堡博士曾经这样说道：“永远不要在一个生气的人面前使用‘但是’‘不过’‘可是’之类的词语。”

这些词语属于转折词，它们能够起到提醒人们注意说话内容的作用，但人们也会马上意识到转折词之后是一些不符合自己预期的话语，而且他们的注意力将凝固在那些消极因素上，而忽略转折词之前的内容。比如“我知道你也过得不容易，但这样做未免太自私了”，这句话就会让对方只注意到自己被评价为“太自私了”，因而会引发对方的怒火。

由此可见，在日常沟通中，我们应当慎重使用转折词，如果想表达转折词后的内容，需要把前后脉络交代清楚（因果关系），同时要弱化语气，避免在转折词后对对方进行语言攻击，才不会让对方有受到威胁的感觉。

3. 减少语言中的不确定感

很多时候，因为担心自己的意见会引起别人的反感，或是不想为某些问题负责，我们会不由自主地使用一些带有很强的不确定性的表述，比如“随便”“看看再说”“不好说”等，这样的说法会为我们减少一些心理压力，但对方却会有一种被敷衍的感觉，特别是在对方非常希望得到答案的时候，这种不确定的说法常常会让他们感到失望、恼怒。

为了避免这类情况出现，我们要尝试减少语言的不确定感，比如在别人请我们做出决策时，不要敷衍了事地回答“随便”，而是可以这样说：“我还没有考虑好，请再给我一点时间，稍后我会给你答复。”

再如别人向我们请教问题时，不要简单地说句“不好说”，而是可以这样回答：“这个问题有点复杂，我需要再收集一些信息，才能做出更加准确的判断。”

总之，共情沟通要求我们使用对方更容易接受的措辞，我们不妨在这方面多下功夫，多传递正面信息，多展现自己的诚意，以便拉近双方之间的距离，才能让沟通进行得更加顺利。

诉诸情感，达到共情说服的目的

我们经常会发现，那些沟通高手总是能够不知不觉地引导他人，让他人理解自己的想法、接受自己的要求。他们能够做到这一点，不仅是因为掌握了严谨的话语逻辑，善于总结巧妙的话术，更是因为他们能够做到“诉诸情感”，用温暖的情感而不是生硬、冰冷的“道理”去影响他人。

在下面这个案例中，一位沟通高手就用“诉诸情感”的办法深深打动了对方。

19岁的吴敏是一名大学生，她因为性格开朗、善于沟通，在同学中拥有良好的人缘，大家遇到了什么烦心事都会找她倾诉一番。

这天，吴敏发现室友雨菲情绪十分低落，她不时唉声叹气，脸色也非常难看。吴敏用关心的语气询问雨菲是否遇到了什么困难，雨菲长叹一声道：“我可能要退学了，以后再也见不到大家了。”

吴敏非常震惊，连忙向雨菲询问详细情况，才弄明白了事情的原委。原来，雨菲的父亲因为投资失败，欠下了很多债务，家庭经济条件一落千丈。虽然父亲想方设法为雨菲凑够了学费，但懂事的她还是决定中断学业，去打工赚钱，为父亲分忧。

吴敏非常同情雨菲的遭遇，她思索了一会儿，这样劝说道：“雨菲，你有没有想过，为什么你父亲在这么困难的情况下仍然要送你来读书？他肯定不希望你放弃学业，在他心中，让你顺利完成学业，肯定比什么事情都重要。如果你就这样贸然做出选择，他会多么失望、多么伤心啊！更何况现在你还没有拿到毕业证，能够找到的工作收入也会很有限，你何不克服困难再坚持一下，将来才能更好地回报父亲对你的关怀和期望，你说对吗？”

雨菲认真地听着吴敏所说的每一句话，脸上的表情慢慢发生了变化，当她听到父亲会“失望”“伤心”时，不禁泪湿眼眶……就这样，在吴敏的劝说下，雨菲转变了想法，决定好好学习，争取以最好的成绩毕业。

吴敏在劝说室友时就巧妙地运用了共情技巧。在室友做出了鲁莽决定的时候，她没有直接对室友讲一些干巴巴的大道理，而是从室友对父亲的孝顺之情出发，将道理寄托于情感之中，让室友不知不觉地受到触动，最终，她的劝说也收到了事半功倍的效果。

而在另一个案例中，善于沟通的晓芬从情感入手，帮助自己的好友打开了心结。

晓芬有一个好朋友嘉禾，今年已满 32 岁。嘉禾在事业上一帆风顺，在公司担任部门主管，但她的情感世界却是一片空白——至今都还没有正式谈过恋爱。

家人、朋友都为嘉禾着急，这两年，在家人的催促下，她尝试接触过几个男生，其中也有条件不错的对象，可在两人关系逐渐亲密，即将确立恋爱关系时，她却觉得很有压力，主动向对方提出“不要再见面”。

晓芬听说了嘉禾的事情，又见她总是愁眉不展，便主动询问她是不是遇到了困难，有没有自己可以帮忙的地方。

嘉禾沉默半晌，才哭着说：“我不知道该怎么和异性相处，一想到谈婚论嫁的事情，我就感到非常紧张、恐惧，只想赶快逃离。”

晓芬对嘉禾的过去非常了解，她叹了口气，问道：“还是因为你家里的事情吗？”

嘉禾点头道：“是的，我爸爸和妈妈相处的方式让我感到害怕。妈妈从来不会顾及爸爸的感受，永远按自己的意愿行事；爸爸生活得非常压抑，经常借酒浇愁，还说自己没有自由，没有个人空间，活得窝囊极了。我不喜欢妈妈的做法，却不敢劝她，怕她连我一起辱骂；我也不同情爸爸，是他自己选择将生活过成一团糟……可我真担心自己的婚姻也会变成这样。晓芬，你说我该怎么办呢？”

晓芬沉吟片刻，耐心地安慰道：“你父母的关系如何是他们夫妻之间的事情，必须由他们自己来解决，作为子女，你也没办法代替他们做决定，所以你只要扮演好自己的角色就可以了。而且我建议你把他们的做法当成错误的范例，在和男朋友相处的时候提醒自己注意规避，这反而会让事情向好的方向发展，你觉得呢？”

听完晓芬的话后，嘉禾若有所思地点点头：“你说得对，他们是他们，我是我，我不能用他们的错误来惩罚自己，更不能因此失去属于自己的幸福……”

晓芬在安慰嘉禾的时候，采用的也是“情与理”结合的办法，她不但给了嘉禾精神上的安慰，还为她提供了很好的建议，让她对追求自我幸福重新树立了信心。

我们想要引导、说服他人，也可以尝试运用情感的力量，或是将情与理巧妙融合，让对方愿意接受。

具体来看，“诉诸情感”的共情说服可以按照以下步骤去进行：

1. 从对方的角度进行思考

每个人都有自己看待问题的观点和角度，也有自己独特的意愿和需求。我们在说服对方听取自己的意见之前，应当先从对方的角度思考怎样才能让他们更容易接受。

另外，我们还要充分了解对方的情况，想清楚对方对什么事情、什么人、何种情感最为在意，而这常常能够成为沟通的突破口。

2. 在对方的脑海中构建画面

这是“诉诸情感”中最为重要的环节，我们需要描述一种能够瞬间调动对方情绪的画面，这种情绪又不应当成为一种情感束缚，不会让对方感到很有压力，而是会让对方受到触动，从而能够自然而然地激发出该种情绪。

像上面的案例中，吴敏就在室友脑海中描述了“父亲伤心、失望”的画面，让室友的态度瞬间软化，继而产生了强烈的内疚感，能够主动反省自己不理智的想法，认同吴敏的见解，沟通也取得了应有的效果。

3. 以事实引路，激发情感

“诉诸情感”并不意味着要完全放弃说理，只不过我们想要取得良好的说服效果，就一定要注意说理的方法。比如我们可以用鲜活的事实来说理，这就要比讲一些空泛的大道理效果更佳。

对此，我们可以从说服内容和对方的实际想法出发，有针对性地引用一些事实例子，再用真诚的态度直陈个中利害，最终便可达到“以情动人、以理服人”的目的。

适当激励，将积极的想法输入对方内心

在他人遇到挫折、情绪非常低落的时候，我们除了提供陪伴和安慰之外，还可以尝试用言语激励起他们的勇气和信心，使他们走出这种不良心理状态。当然，激励也需要在共情的基础上进行，才能达到最好的效果。

下面这个案例中的教练就成功地激励了一名失去信心的球员。

邹凯是一名经验丰富的足球教练，在平常训练的时候，他要求十分严格，让很多球员望而生畏。可是在球员心情不好、沮丧、消沉的时候，他又很善于做思想工作，往往三言两语就能让球员变得积极起来。

有一次，邹凯带队参加省级选拔赛。有一场比赛非常重要，将关系到他们能否出线。可前锋李超却表现不佳，错失了几次绝佳的破门机会，让队员们十分不满。

上半场比赛很快结束了，队员们垂头丧气地散开，李超因为过于羞愧，一个人躲进了更衣室里。邹凯心中虽然也很着急，但他却更能够体会李超此时的心情，知道自己应当及时帮李超解决思想上的症结，否则他之后的比赛状态会更加糟糕。

邹凯走进了更衣室，看见李超低垂着头，沮丧至极。他走过去拍拍李超的肩，对他说道："怎么这么早就泄气了？比赛还没结束，我可不会承认咱们失败了。而且以我的眼光来看，你就是场上最优秀的球员，但我需要你把自己真实的水平表现出来，你能做到吗？"

李超本以为自己会被教练狠狠训斥一番，没想到却听到了这样一段让他热血沸腾的话语，他当即站了起来，用响亮的声音回答道："我一定会好好表现的！"

队员在比赛中出现了失误，对自己感到十分失望，内心充满了沮丧、自责、内疚的负面情绪，此时如果教练给他的只是感同身受的安慰，虽然能够让他好受一些，却还不足以帮助他排解负面情绪。所以教练采用了激励的办法，先是激起了队员的好胜心，使他暂时放下失望情绪，接着又表达了自己对队员的充分信任，使队员心中燃起了信心的火苗。

我们也可以参考这位教练的做法去激励他人，将积极的想法输入对方的内心。在具体交谈过程中，要特别注意做好以下几点：

1. 表达真实的想法

想要激励他人，一定要学会做真正的自己，陈述自己真正的想法，而不是为了鼓舞别人违心地说一些自己并不相信的话语。

因此，心理学家建议我们先从激发自身信念做起，要确保自己对事情的发展前景是看好的，这样才能生出内在信心，也才能在话语、语气、表情中表现出足够的积极性。这些真实的表现和想法能够感染和影响对方，让对方也变得积极和热情起来。

2. 避免从自己的角度进行激励

有的人在激励他人时，总习惯以自己为例子，比如他们会这样说："你的心情我都懂，之前有一次，我也遇到过这种情况，我是这么处理的……你看，这种事情其实没什么大不了的……"

虽然他们是出于一片好意，想要给对方一些好的建议，可是在对方看来，这种"鼓励"却有自我炫耀之嫌，会让对方有些反感。因此，心理学家建议我们要把关注点放在对方身上，如果对方没有主动询问，我们最好不要以自己为例分享经验。

3. 表达出足够的信任和期待

就像案例中所述的那样，人们总是特别渴望获得他人的信任和期待，如果我们能够通过话语满足这种心理需求，就能让对方暂时摆脱消极情绪，并能够激发出积极情绪。

为此，我们可以对对方的能力、过去的表现等予以充分的肯定，然后为对方定一个合适的目标，表示自己非常希望看到对方达到这个目标。

需要注意的是，激励目标不能定得太低，不要表现出自己认为对方做不到任何事情的样子，这是对对方的一种不尊重；激励目标可以定为让对方付出一些努力就能够达到的高度，这既不会让他们觉得遥不可及，还能激发出他们的好胜心、积极性。

此外，在激励他人的过程中，我们一定要注意控制好自己的情绪，因为激励有时并不是那么容易，对方也不一定会在短时间内转变态度，此时我们一定不能过于急躁，更不能表现出生气、失望、“恨铁不成钢”的样子，否则对方接收到这些不良信号，心理上就会更受打击，情绪也会更加糟糕，我们之前的激励工作也会前功尽弃，因此一定要注意避免。

第八章

把握分寸，别让“过度共情”伤害自己

学会健康共情，避免“过度共情综合征”

在看完一部悲伤基调的影片后，你会不会陷入伤心、难过的情绪之中，甚至会为主角不幸的遭遇泪流满面？

平时阅读新闻的时候，你的心情会不会像是在坐过山车一样，忽而为那些好消息感到开心、喜悦，忽而被那些坏事情气得暴跳如雷？

“过度共情综合征”，指的是对于外界信息或他人感受过于敏感，容易过度共情，导致自身情绪出现强烈波动，有时甚至会出现自我调节情绪障碍。

下面这个案例中的主人公就遇到了这种问题。

31 岁的嘉荣有一个 2 岁大的女儿。自从当上“宝妈”以后，嘉荣发现自己变得特别“心软”，经常会为社会上发生的一些不幸事件悲伤。特别是在看到儿童走失、生重病或出事故的时候，嘉荣都会觉得十分心疼，有时她控制不住自己的情绪，还会伤心得号啕大哭。

最近一段时间，嘉荣听说本市有个孩子在放学后不幸走失，便不由自主地为这个孩子担心起来，还总是想着“孩子的家人该有多难过、多痛苦啊”。从那天起，她几乎没有心情做其他事情，每天不停地刷新本地论坛，想要知道孩子是否已经平安归来。直到有消息证实那个孩子已经遇难，嘉荣当即大哭起来，此后一连几天都闷闷不乐，让家人很是担心。

为了让她从这件事中走出来，家人苦口婆心地劝告她：“孩子固然需要同情，但我们也要过好自己的生活，照顾好自己的孩子。”嘉荣也很苦恼，她用无奈的语气说：“我也知道这样不对，可是一看到这种事情，我就会不自觉地联想到女儿，越想越害怕、绝望……”

很显然，在嘉荣身上，已经出现了明显的“过度共情综合征”。首先，她有过度敏感的问题，而且难以控制自己的情绪，会因为陌生孩子的遭遇痛哭流涕，并会长时间情绪低落，已经影响了正常的生活。

其次，她出现了灾难性思维，在生活中会下意识地关注那些负面信息，还会把自己代入其中，认为不幸事件也可能发生在自己身上，因而越想越害怕，越想越难过。

对于这种“过度共情综合征”，我们一定要加以重视，虽然共情本身没错，但过度共情却会造成很多不良影响。我们应当采取积极的措施，让自己走出这种不健康的共情状态：

1. 避免对消极信息进行过度关注

美国心理学家大卫·伯恩斯曾经提出过“心理过滤”的说法，指的是有的人会选择性地过滤信息，平时只会关注消极信息，并会对其反复思考，导致自己对现实的了解变得黑暗或扭曲。

像案例中的嘉荣就会不由自主地寻找与孩童有关的不幸消息，然后对其过度共情，导致自己的情绪变得非常消极。

如果你也有类似问题，就要注意提醒自己客观认识这个世界，生活中虽然会有不好的事情发生，但更多的是阳光、积极的事情，而我们应当学会综合获取信息，才不会让自己变得狭隘。特别是在情绪低落、消沉的时候，我们就更应当多关注生活的积极面，让自己被愉快、喜悦的情绪感染。

2. 避免将自己的价值体系强加于人

有些喜欢过度共情的人不但会伤害自己，还会影响他人。他们对别人有过高的道德要求。

类似这种情况也被称为“道德绑架”，其背后的心理动机与过度共情有很大的关系：因为自己与需要帮助的对象过度共情，一想到他们的难处，自己就会十分心疼，可自己又没有足够的力量去帮助他们，为了缓解这种焦虑感，便采取了攻击他人的方式求得自我解脱。这样的共情是不理性的，是将自己的价值体系强加于人，也必然会引发他人的反感。

所以，我们要注意提醒自己保持理性、健康共情，不要让自己对他人的善意和关心变质。

把守情绪边界，减少被负面情绪波及的可能

在锻炼共情力的过程中，我们需要特别注意一种问题，即无法把握好自己的情绪界限，容易被他人的负面情绪波及，严重时甚至会产生比对方更强烈的情绪，宛如对方的感受就是自己的感受，而这无疑会让自己感到非常痛苦。

下面这个案例中的主人公就深深地卷入了对方的负面情绪中，自我感觉十分痛苦。

金莉觉得和自己的母亲相处非常痛苦。小时候，母亲总是对她有过高的期望，会经常对她说：“我把所有的时间和精力都用来培养你了，要是你不争气，我该有多么失望啊。”

听着母亲的长吁短叹，金莉总是觉得十分紧张和恐惧，生怕自己表现不佳，会让母亲痛苦、难过。

也正是因为这样，金莉加倍努力学习，每次考试都想考到前三名，好让母亲开心一点。但她总有发挥失常的时候，每到这时，母亲的坏情绪就会将她深深淹没，她甚至不敢回家面对母亲失望的眼神。

在她成年后，情况不但没有好转，反而越来越严重了。母亲在她面前总是一副充满了怨气的样子，不是埋怨丈夫不够体贴、女儿不够争气，就是反复诉说自己的辛苦和不易，似乎所有人都对不起她。金莉其实并不喜欢听母亲重复这些无聊的话题，但她不敢表示不满，生怕会让母亲更加伤心。

有的时候，她也会怀疑母亲的“不幸”会不会都是她造成的，这让她变得越来越自卑，终日生活在不安和焦灼中。

发生在金莉身上的问题就是一种不健康的共情：她对他人的情绪过度敏感，能够敏锐地觉察到他人的情绪变化，并会受到这种情绪的强烈影响；她还会不受控制地对情绪进行不正确的解读，认为自己需要为他人的情绪负责，所以在与他人相处时，会表现得小心翼翼，甚至会不自觉地牺牲自己的立场或利益来取悦对方。

心理学家认为这种情况可由先天因素和后天因素引起。比如心理学家伊莱恩·艾伦就发现人群中有 20% 的人有着异常敏感的大脑，在面对他人的情绪时会表现出更强的生理反应，这类人也被称为“高敏感人群”，是一类特别容易受到他人看法、意见、情绪影响的人。他们往往很在意别人对自己的看法，有时又容易卷入他人的情绪和事件之中，让自己长时间处于情绪波动状态，无法维持正常的工作和生活。

为了照顾他人的情绪，他们在体贴和帮助他人方面会表现得十分尽心，但这也会让他们觉得身心疲惫。而且他们很不擅长把自己从别人的痛苦之中抽离出来，这更是会让他们的心灵不堪重负。

除了高敏感人群外，不健康共情问题还与后天的养育、教育环境有很大的关系。比如在一个家庭中，养育者的情绪很不稳定，喜怒无常，让孩子处于持续性焦虑、恐惧中。为了避免或减少伤害，孩子不得不对养育者的情绪保持高度敏感，随时觉察养育者情绪的细微变化，以做好应对准备。

再如在孩子成长过程中，父母、师长经常用过高的标准要求他们，对他们的态度过于严厉、苛刻，使他们对自我的评价不断降低，并会对别人的情绪变化过度敏感。如果发现别人产生了负面情绪，他们就会不自觉地联想到自己，认为是自己表现不良才会让对方有这样的反应。

此外，曾经有过心理创伤的人更容易陷入不恰当的共情之中，这是因为他们对过去的痛苦经历总是难以忘怀，一旦遇到他人有相似的经历时，就会情不自禁地代入自己的回忆，不但很容易和对方“感同身受”，还会唤醒过去的负面情绪，让自己十分痛苦。

那么，已经出现了不健康共情的人应当如何进行积极的自我调整呢?

1. 划定恰当的心理和情绪界限

每个人都有自己的界限，不光表现在外部的身体界限、物资界限和领地界限上，还表现在内部的心理界限和情绪界限上。

心理界限的定义是“人的心理所能够承受的外界力的极限”。这种“外界力”如果超过了某一特定的范围，我们就会有一种强烈的压迫感，并会产生焦虑乃至厌恶情绪。像人们不停地在我们耳边说抱怨话，就是在施加强烈的“外界力”，我们需要用明确的语言来表明自己并不喜欢这种行为。

至于“情绪界限”，指的是我们必须提升自己的“内感受力”，以便清楚地了解自己的情绪感受，同时不要让自己轻易受到他人情绪的影响。比如朋友总是在不开心的时候来找我们倾诉，我们就要防止过多地卷入他的负面情绪中。我们只有清楚地意识到自己的情绪界限，并能够坚定地维护情绪界限，才不会变得过度敏感，也不会因为他人的难过、痛苦而产生莫名的负疚感。

2. 停止“拯救”心态

当他人在我们面前流露出负面情绪时，我们可能会将自己视为“拯救者”，会发自内心地同情对方的遭遇，并会试图安抚对方的情绪，为对方排忧解难。

可实际上，人们不断地抱怨、诉苦，有时并不是真想解决自己身上的问题，而是想要用这种方式排解心中的压力，更有一些人想用“诉苦”来反衬自己的坚强和伟大，以赢得别人的好感。

如果是后者的话，他们更希望获得的是肯定和赞美，而不是我们徒劳的安慰。所以我们不必去勉力“拯救”对方，即使对方表现得非常委屈，我们也不应产生内疚、自责的情绪，因为这并不是我们的责任。

3. 保持清醒的认知

负面情绪的传染性非常惊人，如果身边有人一直在传播负面情绪，而我们又没有进行及时的认知调整的话，难免就会陷入相同的消极思维中。

比如一位丈夫在事业上屡屡碰壁，情绪十分糟糕，每次回家都是满面愁云、长吁短叹，还对着妻子、孩子大发牢骚。他的妻子是一个共情能力很强的人，完全能够理解丈夫的心情，但丈夫不可理喻的行为有时也会让她觉得不耐烦，她甚至会这样想："要是他永远都别回家就好了。"可当这个想法出现在脑海后，她又会立刻感到十分愧疚，觉得自己缺乏同理心。

但事实上，这位丈夫从来没有主动寻求过专业帮助，也没有改变现状的决心，他习惯性地将自己的坏情绪抛给家人，却不去思考这样会给家人带来什么样的心理负担。在这种情况下，这位妻子就一定要保持清醒的认知，才不会成为丈夫倾倒坏情绪的"垃圾桶"。

妻子应当接受心理学家的建议，及时进行认知调整。比如在脑海中出现负面想法时，要及时觉察，并立刻做出改变——可以马上在脑海中回想一件愉快的事情，以便暂时摆脱消极思维。之后还可以尝试变换角度，以乐观、积极的方式看待同样的事情，就不会让自己深深地陷入他人带来的负面情绪中了。

共情不是取悦讨好，你不需要过分委屈自己

共情是一项非常重要的能力，也是高情商的体现。但人们在尝试共情的时候可能会陷入误区，认为自己必须顺着对方的意思去主动迎合、讨好，使对方感到愉悦、满意，这才算是共情。

其实这种认识是完全错误的，一味讨好他人，却把自己放在很低的位置，忽视自己的感受，这在心理学上被称为“讨好型人格”，它与共情并无关系。

真正的共情是将自己放在与对方平等的位置上，让自己的情感、思维与对方联结起来，向对方传递理解和关爱，这样既能够让对方感到愉快、满足，又不会让自己的情感受到伤害。

下面这个案例中的主人公在沟通中不知不觉地取悦他人，却给自己造成了心理负担。

马雯到小区的快递点寄快递，去之前她打过电话，问好了价钱，可是来到快递点后，工作人员却要多收 4 元钱。

虽然 4 元钱只是个小数目，但马雯却觉得很不舒服，她向工作人员据理力争，说自己经常发件，每次都是一样的价钱。

工作人员本来就很忙碌，听到马雯的质问后，不耐烦地说：“以前是以前，现在规矩变了，你嫌贵可以去别家发快递。”

见工作人员脸色不佳、情绪不好，马雯忽然觉得有点内疚，她连忙说道：“我不是嫌贵，只是……”

这时排队等着取快递的业主催促道：“麻烦您快点行吗？大家都很忙，别为了你一个人的问题耽误大家啊。”

马雯一听，更加羞愧了，她红着脸说：“不好意思，我马上办好。”说罢，她赶紧交钱、填写了地址……

可等她走出快递点的大门后，心中却涌出了委屈、气恼的情绪。她明知道工作人员的行为缺乏诚信，却莫名其妙地顺从了这种行为，这让她感觉非常糟糕。

马雯在与工作人员和业主沟通时，确实感受到了对方的情绪，但她的沟通方式却不属于共情，而是一种习惯性的讨好模式：她害怕会惹对方不高兴，会引起“不和谐”，所以宁可不表达自己的情绪，并且她还情不自禁地用讨好的语气与人沟通，等到独处的时候又觉得憋屈、难受。

在下面这个案例中，24岁的赵玉也在不知不觉中变成了一个“讨好者”。

赵玉在大学毕业后，找到了一家能够解决住宿问题的公司。她兴冲冲地搬进职工宿舍，却没想到这会是一段麻烦生活的开始。

这是一间四人宿舍，几个室友都是年纪相仿的女孩，性格也都很开朗，每到下班后，她们不是呼朋引伴去玩耍，就是在宿舍聊天或追剧、看综艺节目。

赵玉开始还觉得这样的生活很轻松，但时间长了，她就发现了很多不便。每天晚上，她想要利用睡前的时间阅读一些专业书籍，以提升业务水平，可室友们却总是发出各种噪声，吵得她不得安宁，根本无法静下心来学习。赵玉本想请她们“静一静”，但又怕一开口就会得罪人，会让大家觉得自己“事多”“麻烦”，便只好默默忍受着。

到了周末，赵玉想去图书馆看书，但室友却说：“好不容易周末了，何必把自己逼得这么紧？走吧，跟我们一起逛街去！”

赵玉很想拒绝，但又怕室友觉得自己不合群，以后也会排斥自己，于是她会假装很开心地跟着室友一起出发，但她内心其实一点都不快乐。

每次从外面回来后，她都觉得格外疲倦，心中也会为自己浪费时间而感到后悔、惋惜，但下一次室友再邀请她，她还是会点头同意。

平时室友们有事需要帮忙，像取快递、代打饭、代买东西等琐事都会找她去做，她只要没有特别的安排也都会答应。时间长了，大家都觉得她性格随和、很好相处，但她自己却觉得越来越烦躁，不明白为什么自己明明有很多想做的事情，可只要别人一提要求，她就会不由自主地让步……

赵玉就属于典型的“讨好型人格”。在各种人际关系中，这类人总是把自己放在一个极低的位置，他们习惯于站在他人的角度考虑问题，即使委屈自己也要迎合他人；而且他们特别善于道歉，哪怕有些事情并不是自己的责任，他们也会用主动道歉来缓和关系、避免冲突；而且他们不懂得拒绝，因为他们总觉得拒绝会引起对方的厌恶，而这会让他们心中平添内疚感和罪恶感。

那么，“讨好型人格”的人在沟通中应当注意哪些问题呢？

1. 倾听自己的感受

讨好型人格者在沟通中往往会选择忽略自己的感受，觉得那是不重要的；有时他们还会有一种过于悲观的认知，觉得自己即使说出感受，也不会得到他人的关注和重视，所以在沟通中常会像案例中的马雯和赵玉那样过分委屈自己。

因此，这类人在沟通前首先应当认真倾听自己的感受，知道自己想要的是什么。心理学家塔拉·布拉克还把这种“倾听自我”的时间称为“神圣的停顿”，是说我们不必急于给对方答复，而是要先停顿一下，才不会轻易失去自己的立场，更不会迷失在他人的意愿中，这样才能为真实而顺畅的表达打下基础。

2. 发现自我真正的价值

讨好型人格者还会有这样的错误认知：“我必须让别人满意，别人才会欣赏我、爱我。”这种认知使他们将自己的价值感建立在别人的认可基础上，因而不敢随便表达自己的意愿，生怕自己的话语会让对方不悦。

为了避免出现这样的问题，讨好型人格者需要建立自信，并要重新认识自己的价值，发现自己身上的优势，这样就不会让别人的喜欢、厌恶影响到自己，也就不会总是把别人的需求放在自己的需求之前了。

3. 尝试表里一致的沟通模式

美国心理学家维吉尼亚·萨提亚曾经提出过“萨提亚沟通模式”，指出生活中常见的沟通模式有“指责型”“讨好型”“超理智型”“打岔型”这几种。

其中，“讨好型”的特点就是忽略自己的需求、自我内在价值感较低，言语中经常出现“……都怪我”“如果不是我，就不会……”等。“指责型”与“讨好型”正好相反，指的是在沟通中忽略他人，习惯于攻击、批判他人，把责任推给他人。“超理智型”是一种极端客观的沟通模式，在沟通时会刻意回避与个人或情感相关的话题，显得冰冷生硬。“打岔型”则是一种逃避式的沟通模式，习惯于插嘴、打岔，就是不明确回答问题。

很显然，这四种沟通模式都会造成沟通受阻，因此我们需要学会“表里一致”的沟通，也就是先进行内在觉察，再通过表情、言语流露出自己的态度、情绪，从而达到内心和外表的平衡。在此基础上，我们才能尝试与他人共情，也更容易让对方产生共鸣。

保持清醒，避免因为共情陷入“隐形操控”的陷阱

容易过度共情的人还要注意提防“隐形操控”问题。所谓“隐形操控”，指的是在各种关系中，有的人会采用一些隐蔽的手段向我们施加影响，“操控”我们按照他们的意志行事。

这些事情要么会超出我们的能力范围，要么会给我们带来不少麻烦，我们本应予以拒绝，但因为过度共情，我们会主动代入自己的感受，觉得拒绝会给对方带来很多不便，还会让对方有一种被伤害的感觉，所以我们情愿按照对方的要求行事，以便给自己减轻一些心理压力。

在下面这个案例中，一名有“过度共情”问题的职员就不知不觉地陷入了“隐形操控”的陷阱。

祝捷是一个十分善良、热情的女孩，无论是在生活还是在工作中，只要看到别人遇到了困难，她总是会在第一时间伸出援手。这种做法为她赢得了良好的人缘，但有的时候，她也会有些不堪重负的感觉。

最近，祝捷所在的部门来了一名新员工陈娜，她是一个年轻漂亮的女孩，性格也很开朗，可她对待工作却有些敷衍，为此还被部门主管批评过好几次。

对此，陈娜的解释是自己年轻、经验不足，会在日后努力学习。热心的祝捷看到新同事遇到了困难，便自告奋勇来帮忙，还把自己在工作中积累的一些经验无私地分享给陈娜。

然而，陈娜却在与祝捷的相处中发现祝捷是个“有求必应”的人，她决

定好好利用这一点。于是，陈娜经常拿着没完成的任务找祝捷帮忙，她每次都说自己找不到一点头绪，祝捷只好花费时间，耐心地帮她梳理。有好几次，任务大部分都是祝捷完成的，署名却是陈娜。主管不知内情，还高兴地夸奖陈娜“大有进步”，祝捷心里觉得怪怪的，却什么都没说。

祝捷的默许让陈娜变得更加有恃无恐，她动不动就把事情甩给祝捷做。理由也有很多：“我现在住的出租屋快要到期了，最近得去看看房子，一会儿下班我就先走了，麻烦你帮我把这个报表处理完吧，多谢了！”

“老家来了些亲戚，特别麻烦，这几天我得照顾他们，工作上的事就多靠你啦，我就知道你一定会帮我的！”

每到这时，祝捷总是觉得非常无奈，可她看着陈娜的笑脸，听着她那些好听的恭维话，就无法开口拒绝。到了下午，陈娜能够按时下班，祝捷却要为分外的工作加班 1~2 个小时，正常的生活节奏都被打乱了……

祝捷并不知道，自己已经陷入了“隐形操控”的陷阱中。虽然她并不是心甘情愿地想帮陈娜做事，可内心深处却会自动出现这样的想法：“如果我不帮陈娜，她就没有地方住、亲戚也没人管，那她岂不是太可怜了？何况她以这么低的姿态向我求助，我却一口回绝，她肯定会觉得很羞耻、很难过。”

在过度共情的同时，祝捷不由自主地一次次答应了陈娜的要求，而陈娜则用“真诚”的眼神、赞美的话语、恳求的姿态轻易地影响了祝捷的决策，操控了她的行为。

类似这样的“隐形操控”情境在生活中并不少见，操控者大多像陈娜这样，很擅长掩饰自己的真实意图，并会使用一些沟通技巧来达到目的。比如他们会采用吹捧、奉承的手段满足人们渴望被认可、被赏识的心理需求，待人们放松心理戒备后就会应用心理学上的“登门槛效应”，一点一点提出自己的要求。

对于这种具有隐蔽性、欺骗性的“隐形操控”，我们需要提高警惕，并可以从以下几点发现其迹象：

1. 在一段关系中，我们总是在单方面地付出

不管隐形操控者使用了什么样的手段，他的根本目的都是要让我们答应他的请求，满足他的一己私利。所以我们只要静下心来衡量这段关系，就会发现自己一直在充当“付出者”的角色，对方却在坦然地享受着我们的付出，而且从来不肯做一点什么来回报我们的善良和无私。

2. 对方极少关注我们的需求和情绪

与过度共情者相比，隐形操控者的共情能力十分低下，甚至已经出现了共情缺陷障碍问题。他们只关注自己的需求和感受，却从不会考虑他人为了帮助自己会遇到什么困难、情绪会受到什么样的影响。他们在提要求的同时可能会表现得非常诚恳，也常会把“谢谢”挂在嘴边，但他们的内心深处却并没有感恩之情，所以他们常会一边说感谢话，一边继续提出新的要求。

3. 对方可能会用“情谊”“道德”来“绑架”他人

在提要求时，隐形操控者可能会特意强调彼此之间的关系不一般，或是从道德层面对他人进行说服，好让人觉得拒绝他就是一种充满了罪恶感的行为。

那么，我们又该如何防范这种“隐形操控”呢?

1. 停止对他人过度付出的行为

我们应当及时中断过度付出的行为。如果发现自己常常会为对方做超出能力范围的事情，并且还陷入了付出带来的满足感中，或是我们总觉得少了自己，对方就会一事无成甚至无法生存，这些信号其实都属于“过度付出”，它会让我们疲于奔命、筋疲力尽，而对方却不一定能够领情。

因此，我们一定要改变这种没有意义的付出，在为对方做某事之前，最好先问问自己：“我究竟是想单纯地做一件好事，还是在享受一种帮助了他人的满足感？”如果答案是后者，我们就应当立刻让自己清醒过来，不要再盲目、过度地对他人付出。

2. 在他人提要求时，给自己留下“缓冲时间”

如果发现自己正处于“隐形操控”的压力下，先不要过于慌张，也不要立刻答应对方的要求。我们可以留给自己几分钟的“缓冲时间”，让头脑恢复清醒，然后告诉自己：“不要害怕，不要紧张，更不要有什么罪恶感。”

接下来，我们可以用自然的态度告诉对方：“我是真的很想帮助你，可是……”

在“可是”之后，我们可以找一个听上去比较合理的借口，让对方能够知难而退。这样会比直言拒绝更加婉转，也不会引起人际矛盾。

3. 有必要的话，应当表明自己的态度

如果已经抛出了借口，“隐形操控者”却仍纠缠不休的话，我们也无须再刻意回避，而是可以用直白的语言告诉对方：“不好意思，我是真的没有时间，也没有责任做这件事情，你还是另想办法吧。”

这样对方就会明白你的态度是不可动摇的，即使他使用再多的技巧，也无法让我们屈从。对方可能会恼羞成怒，更有可能会使用指责、威胁的手段来制造压迫感，此时我们仍然要坚持提醒自己不可过度共情，不要轻易点头，只有这样，我们才能逐渐摆脱“隐形操控”的陷阱。

区分责任，别让共情增加自己的心理负担

很多人都有过自责的经历，适度自责能够督促自己及时反省、改正错误，有助于赢得他人的谅解。

可有的人却会因为共情引发过度自责，他们会把别人遇到的困难、遭逢的不幸与自己相连，并会主动在自己身上寻找责任，由此展开了一场“自我攻击”，让自己深陷懊悔、内疚、沮丧等负面情绪中难以自拔。

下面就是一个与“共情式自责”有关的案例。

29 岁的徐欣在和丈夫结婚以后，就成了一名全职太太。其实她并不喜欢闷在家里的生活，想要外出工作，可只要一提到这个问题，丈夫就会显得很不高兴，还会摆出各种各样的理由，让她打消念头。

徐欣思考了很久，决定每周抽出两天时间做兼职工作，这样既不会耽误家务事，还能为自己排解寂寞。她怀着兴奋的心情，准备和丈夫商量一下，没想到丈夫听完她的话后，脸色都变了，气呼呼地对她说：“原来你根本就不在乎我们这个家！”

徐欣看着丈夫气愤、失望交织的表情，心里也觉得很不好受，她连忙解释，再三向丈夫说明自己只会用很少的时间去做这份工作，生活的重心还是会放在家里，但丈夫就是不肯接受。

徐欣不停地说好话，丈夫终于不耐烦了，用冷淡的语气说：“好吧，你想做什么就做什么吧。反正你一向是很有主见的，根本不用考虑我的感受。”

丈夫的话让徐欣怔住了，这一刻她突然对自己产生了强烈的怀疑，觉得自己是不是太自私了……

徐欣身上最大的问题就是过度共情。在沟通中，她对丈夫的情绪变化能够做到感同身受，当丈夫陷入负面情绪中时，她也会觉得很不好受。不过，她没有正确地区分责任，而是一味地大包大揽，认为这都是自己的错，并因此产生了强烈的自责。

可事实上，她有选择个人工作、生活方式的自由，不应完全听命于丈夫，做丈夫的附庸。丈夫以爱的名义束缚她，对她进行“情感勒索”，希望她能够时时处处按照他的想法行事，一旦她不肯妥协，他便会恼羞成怒，他的负面情绪也是因此而来，但这并不是徐欣的责任。

在现实生活中，有很多人也常会遇到这种情况。根据心理学家布冯等人的研究，这类人会想象自己正在经历对方的痛苦，继而会激活大脑中与自身痛苦相关的区域，不但会引发负面情绪，还会造成身体的应激反应，如心跳加速、血压升高等，此时他们应当停止自责和过度共情，才不会继续被别人的意志所摆布。

在这方面，心理学家提出了三条自我调节建议，可供我们参考：

1. 对自责感进行正确的评估

在受到他人情绪影响而产生自责感时，我们可以先问一问自己以下这些问题：

（1）“我真的做了伤害他人的事情吗？”

（2）“我的所作所为有没有违背公认的社会道德规范？”

（3）“他人受到的伤害与我的行为有直接联系吗？”

倘若上述三个问题的答案都是否定的，就说明我们的自责感是没有必要的，我们应当停止过度代入他人的痛苦，并要变“想象自己”为“想象他人”——想象对方的优势、性格、习惯，在此基础上思考对方在遇到这件事时应该怎样做才能尽快摆脱痛苦，而我们又可以从哪些方面向对方提供帮助……多进行这样的思考，就能逐渐帮自己摆脱徒劳的内疚感、罪恶感和亏欠感，并能做到积极共情，从而为对方提供他真正需要的支持。

2. 减少不正确的“向内归因”

在遇到不如意的事情时，主动寻找外部因素，以推卸自身责任的行为被称为“向外归因”；而主动反省自己的行为，愿意承担责任的做法就是“向内归因”。

适度的“向内归因”可以强化一个人的责任感，能够推动自我完善和发展，可要是过度“向内归因”，就会引发强烈的自责感，更可能引起认知偏差，使我们无法正确地认识和评价自我。

因此，在自责感产生后，我们应当主动纠正自己的归因习惯，要注意不把所有的问题都归因于“自己做得不够好”，同时要划分清楚自己和他人之间责任的界限，不要勉强承受不属于自己的责任。

3. 识别那些由他人刻意引发的自责感

在人际关系中，有的人常常会把引发对方自责当成一种操控手段，用来影响对方的情绪，使对方在内疚、自责的同时不得不放弃自我意志，对他们做出妥协。

比如朋友会对我们说：“这点小忙你都不肯帮我，你觉得好意思吗？”此时我们就应当马上识别出这是一种操控手段，同时要提醒自己，千万不要对朋友的感受过度共情，更不必为自己拒绝朋友而感到自责、内疚。

我们要做的是明确自己的责任，坚守自己的价值取向，然后对那些过分的行为说“不”；同时我们还要保持清醒的头脑，不要在他人刻意引发的自责感中痛苦不已。

适当降低自我要求，减少焦虑

有过度共情问题的人往往会对自己有过高的要求。在人际交往中，他们总是希望能够在别人面前表现出一个“完美无缺”的自我，好给每一个人都留下极好的印象，所以他们会让自己尽可能表现得很有能力、很热情，能够体谅和理解所有人的烦恼，也能够随时准备好提供帮助和支持。

但是伴随着这种自我高要求而来的是巨大的心理压力，并有可能引发严重的焦虑情绪。比如他们会情不自禁地想象：我之前的某个行为或某句话有没有伤害到别人？别人会不会因此给我不好的评价？他们会不会不再喜欢我？

这种焦虑其实是毫无必要的，但他们却会深陷其中，难以摆脱。下面就让我们来看一个这方面的案例。

39岁的杨洁最近非常焦虑，因为一位熟人每天都会拜托她帮忙送自己的女儿去上学。可是杨洁自己也有一个上六年级的儿子，为了给这位熟人帮忙，她不得不让儿子早起20分钟，再带着儿子开车到熟人家，接上熟人的女儿去学校。

时间长了，杨洁的儿子颇有怨言，说自己每天都不能“自然醒”，上课总是打瞌睡，影响了听课效果。杨洁也很心疼儿子，便委婉地暗示了熟人，熟人却总说让她再坚持几天，等孩子的奶奶从老家回来，就不会再麻烦她了。

哪知道这一坚持就是两个月，杨洁心中十分发愁，总是想着这件事，晚上睡觉都睡得很不踏实，可她又不好意思向对方直说，怕对方会对自己有不好的看法，也会影响彼此关系的和谐。

这天，熟人突然提出要请杨洁全家吃饭，想感谢她最近的无私帮助。杨洁心中一喜，还以为这件麻烦事终于要结束了。没想到熟人在饭桌上不好意思地说：“孩子爷爷最近身体不太好，奶奶要照顾他，不能来城里，所以以后还是得请你们帮忙送一送孩子，谁让我工作单位太远，又没钱买车，实在是没办法。再说，两个孩子的学校相距也不算远，对你们也就是顺路的事情……”

杨洁还没来得及说什么，她儿子已经发起了脾气：“凭什么啊，为了接她，我每天都要早起。我晚上功课又多，本来就要晚睡，现在每天都睡不够……”

看着儿子气呼呼的小脸，杨洁终于下了决心，拒绝了熟人的要求。熟人没再多说什么，但脸色却变得十分难看。

从那以后，这位熟人再也没有主动给杨洁打过电话。有次杨洁在超市遇到她，向她打了个招呼，可她却不理不睬，扭头便走。杨洁觉得尴尬极了，但同时心中又有些惭愧和内疚，会不由自主地想自己是不是太过绝情了。

杨洁想要拒绝熟人不合理的要求，可她又担心这样做会让对方感觉不开心，也会让自己的形象变得不再完美。在这种复杂的心理影响下，她一方面对自己提出了很高的要求，强迫自己与别人共情，再去毫无怨言地帮助别人；另一方面又确实感受到了很多不便，内心纠结不已、左右为难，最终陷入了焦虑状态。

对于这种没来由的焦虑问题，有没有什么好的解决办法呢？心理学家给出了这样几条建议，可供焦虑者参考：

1. 不要过于在意他人的看法

有很多人会像杨洁这样过于在意他人的看法，而且他们总觉得自己应当是“完美无瑕”的，可事实上，就算是再优秀的人也不可能让所有人对自己满意，过于追求完美只会让自己失去自我，并会过得非常痛苦。

因此，我们需要客观看待他人的评价，并要学会丢弃那个不断迎合他人的“假我”，努力寻回“真自我”。这个“真自我”不可能让所有人都满意，却会让自己的内心得到释放，也有助于走出焦虑不安的状态。

2. 通过自我质询走出迷惑

心理学家会鼓励焦虑者进行“自我质询”，即对自己提出一系列问题，再逐一进行解答。

比如：“我为什么会这么想？”

“这样想为什么会让我感到恐惧、焦虑、烦躁？”

“之前我曾经遇到过这样的情况吗？我是怎么解决的？”

“我是否对自己提出了过高的要求？”

在自我质询的过程中，我们可以逐渐挖掘出脑海中那些不合理的信条，并且从实际出发，客观地评估现实情况，然后可以试着用一些积极的想法来解释自己正在担忧的问题。

3. 寻找可控因素，减轻焦虑

想要减轻或消除过度共情引发的焦虑，我们还需要思考改变的途径，好让那些恼人的事情可以在当下就能被解决。事实上，很多事情看似无法掌控，但只要我们愿意付出努力，还是能够从中挖掘出“可控因素”的。

比如“无法拒绝送熟人的孩子上学”这件事情，从表面上看难以解决，但只要杨洁能够下定决心拒绝，问题便可迎刃而解。当然，为了避免人际关系走向恶化，杨洁可以采取一些委婉的方式，比如告诉对方家里的车要送修，自己送孩子也只能挤公交、坐地铁，熟人也就不好再提要求了。

按照这样的办法，只要我们遇到了麻烦事，就可以停下来思考：这件事情中有没有自己能够控制或者影响的因素？如果答案是肯定的，我们就可以把可控因素都列举出来，再设计好具体的行动方案，以便尽快解决。

避免共情耗竭，别忽略自我关爱

我们的共情力并不是无限的，如果一直竭力寻求共情，造成过多的情感投入，会让自己出现能量或兴趣降低的情况，共情能力也会逐渐减弱。

这种情况，被心理学家称为“共情疲劳”或“共情耗竭”，简单地说，就是共情的程度过深、频率过高，导致心理资源消耗殆尽，不但无法再继续“共情”，还容易引发多种身心不适症状。

下面我们将从一个案例具体地认识一下“共情耗竭”会造成哪些不良影响。

29 岁的温雅是一个善良、热心的女孩，有很强的社会责任感。在忙碌的工作之余，她加入了当地的一个公益组织，经常利用业余时间去帮助遇到困难的人。

最初，温雅是带着强烈的使命感去做这些事情的，无论自己有多么忙碌、多么疲惫，只要一接到电话，她就会立刻赶往现场，去倾听别人遇到的难事，再耐心地开导他们，或是尽量想办法为他们解决困难。

可是时间长了，温雅自我感觉越来越疲惫、无力，在听到人们痛苦的诉说时，她似乎也没有以前那么容易动感情了，有时她甚至会觉得很不耐烦，并且会不由自主地思考自己这么做的意义。

有一次，她刚刚结束了一天的工作，就被通知去帮助一名遭遇家暴的女性。当时她心中突然涌现出了强烈的厌烦情绪，甚至想找个借口摆脱这件事，但最终她还是强迫自己跟着公益组织的同事一起出发了。

那天，温雅花了很长时间给那名女性做心理安抚，回到家的时候，已经接近凌晨。她连洗漱的力气都没有，就倒在了床上，可一个小时过去，她还没有睡着。那时她觉得心情糟糕极了，头也开始隐隐作痛……

在温雅身上，就出现了典型的“共情耗竭”问题。根据心理学家的研究，共情耗竭可能会引起很多身体和心理症状。比如，共情耗竭会引起长期的疲劳感、失眠、生理不适，还有可能引发恶心、呕吐、头晕、头痛、心跳加速等症状。

从心理方面看，共情耗竭会引发情感麻木、钝化，负面情绪增加，还会加重逃避心理，使一个充满同情心的“助人者”慢慢变成冷漠的“旁观者”；与此同时，共情耗竭还会改变人的认知，会让人丧失信心、理想，对自己和整个世界感到非常失望，对生活和工作的满意感也会大大降低。

至于共情耗竭出现的原因，与工作性质、个人性格等都有很大的关系。比如医务工作者、心理工作者、律师、记者、公益组织人员因为常常需要暴露在他人的创伤性事件中，又没有条件及时进行自我调节，导致“共情总量”经常超出自我应对能力范围，所以很容易引发共情耗竭。

再如有的人性格敏感、情感极度丰富，容易对他人产生过度的同理心，哪怕他人只有轻微的不适或痛苦，都会对他们的情绪、心理造成强烈影响，长此以往，也有可能出现共情耗竭问题。

那么，我们应当如何避免“共情耗竭”呢？

1. 不要忽略“自我关爱”

神经科学家塔尼亚·辛格曾经做过一个经典的共情冥想训练，她请参与者先思考自己的痛苦，再想办法进行自我安慰、开导，给自己温暖和关爱；然后再系统地将这种关爱逐层“稀释”到周围环境中——先给予身边的亲人、密友，接下来是关系一般的同事、熟人，之后是陌生人，最后实现对“人类”这个总体的关爱。

在冥想训练前后，塔尼亚会对参与者的脑部进行扫描，她发现参与者的脑部活动发生了改变，主要是负责积极情绪的脑区被激活了。

这个训练给了我们很好的启发：在自己感觉疲劳、倦怠、麻木不仁的时候，不要再勉强与他人共情，而是可以先“向内观察”，感受自己的负面情绪，接着尝试“自我关爱”，让自己重新找到心理动力，才有可能向他人提供持续性的帮助。

2. 做好良性沟通

在与他人进行沟通的时候，我们应当注意保持双方距离的适度性和灵活性，不宜与对方过度疏离，但也不能过度靠近，要注意保护好彼此之间的心理界限。这一点对那些从事助人工作的人来说更为重要，只有做好这一点，才能尽量减少共情耗竭的影响，也才能够实现成长。

另外，在沟通中，我们还可以想办法激发对方的积极情绪，这样不但能够抵消消极情绪给对方造成的负面影响，还能营造良好沟通氛围，增加共情满意度，减少共情疲劳感。

3. 寻求社会支持

每个人都需要为自己建立社会支持系统，这对于预防和消除共情耗竭很有帮助。

在社会支持系统中，亲人、爱人会占据非常重要的位置。毕竟，他们与我们的情感是任何人都取代不了的，我们可以将自己的喜悦、烦恼分享给他们，遇到了共情耗竭问题也可以征求他们的意见。

另外，朋友也是非常重要的支撑力量，我们可以将自己的为难之处向他们倾诉，获得他们的开解、安慰，也可以听一听他们给出的建议。而在校园、办公室及其他情境中，我们也可以建立起相应的支持系统，使自己能够获得理解和帮助。

在建立社会支持系统的时候，心理学家提醒我们要注意保持“成分”的多样性，也就是说，我们要注意和各个年龄段、不同性别、不同特点的人打交道，这样才能从他们各自不同的经验和感悟中获得有益的启发。

社会支持系统的存在，会让我们知道自己并不是孤立无援的个体，也能够帮我们摆脱孤独感、绝望感，对于我们走出共情耗竭状态是很有帮助的。

图书在版编目（CIP）数据

共情式人际交往：让你的话语直达对方心底 / 周婷著. —北京：中国法制出版社，2022.4

ISBN 978-7-5216-2534-9

Ⅰ. ①共… Ⅱ. ①周… Ⅲ. ①心理交往–语言艺术–通俗读物 Ⅳ. ① C912.13-49

中国版本图书馆 CIP 数据核字（2022）第 029576 号

责任编辑：陈晓冉（chenxiaoran2003@126.com） 封面设计：汪要军

共情式人际交往：让你的话语直达对方心底

GONGQINGSHI RENJI JIAOWANG：RANG NIDE HUAYU ZHIDA DUIFANG XINDI

著者 / 周婷

经销 / 新华书店

印刷 / 三河市国英印务有限公司

开本 / 710 毫米 ×1000 毫米 16 开 印张 / 13.5 字数 / 204 千

版次 / 2022 年 4 月第 1 版 2022 年 4 月第 1 次印刷

中国法制出版社出版

书号 ISBN 978-7-5216-2534-9 定价：45.00 元

北京市西城区西便门西里甲 16 号西便门办公区

邮政编码：100053 传真：010-63141600

网址：http://www.zgfzs.com **编辑部电话：010-63141835**

市场营销部电话：010-63141612 **印务部电话：010-63141606**

（如有印装质量问题，请与本社印务部联系。）